Flavia Fornili

PROGETTO ITALIANO
Juni⏻r

Corso multimediale di lingua e civiltà italiana

EDILINGUA

Flavia Fornili è laureata in Lettere classiche, ha insegnato Lettere nella scuola secondaria di secondo grado e poi in quella di primo grado, dove si è occupata per alcuni anni anche dell'insegnamento dell'italiano a studenti stranieri. Attualmente è docente di ruolo di Lettere alle medie inferiori.

Nel gennaio del 2009 ha conseguito il diploma di Master Promoitals in insegnamento e promozione di lingua e cultura italiana a stranieri; in seguito a questa specializzazione ha iniziato una collaborazione con l'Università Statale di Milano come insegnante di italiano per gli studenti stranieri aderenti al progetto Erasmus.

© **Copyright edizioni Edilingua**

Sede legale
Via Cola di Rienzo, 212 00192 Roma
Tel. +39 06 96727307
Fax +39 06 94443138
info@edilingua.it
www.edilingua.it

Deposito e Centro di distribuzione
Via Moroianni, 65 12133 Atene
Tel. +30 210 57.33.900
Fax +30 210 57.58.903

I edizione: dicembre 2009
ISBN: 978-960-693-031-7
Redazione: Marco Dominici, Antonio Bidetti
Impaginazione e progetto grafico: Edilingua

Ogni azione umana ha un impatto sull'ambiente. A Edilingua siamo convinti che il futuro del nostro Pianeta dipende anche da ognuno di noi. "**La Terra ha bisogno del tuo aiuto**" è una piccola ma costante campagna di sensibilizzazione rivolta agli studenti: ogni nostro libro vuole essere un invito alla riflessione, uno stimolo al risparmio energetico e alla riduzione delle emissioni di CO2. Ulteriori informazioni sul nostro sito (in "chi siamo").

Gli autori apprezzerebbero, da parte dei colleghi, eventuali suggerimenti, segnalazioni e commenti sull'opera (da inviare a redazione@edilingua.it)

Premessa

La *Guida per l'insegnante* si rivolge a tutte/i le/gli insegnanti che utilizzano *Progetto italiano Junior 1* nei corsi di italiano LS/L2. *Progetto italiano Junior* è un manuale pensato e realizzato specificamente per preadolescenti e adolescenti, con un continuo e preciso riferimento al loro mondo, alle loro abitudini e al loro vissuto quotidiano; in questo particolare contesto vengono inserite le opportunità di apprendimento della lingua italiana.

La Guida segue i medesimi principi ispiratori; nella sua realizzazione, l'obiettivo principale perseguito è stato quello di offrire ai colleghi uno strumento agile e funzionale all'insegnamento della lingua italiana a giovani e giovanissimi.

La *Guida per l'insegnante* rispetta la struttura del manuale. Si sviluppa, infatti, in sei unità il cui svolgimento viene accuratamente riproposto con l'aggiunta di interessanti spunti, per la programmazione e la realizzazione di momenti di approfondimento, e con l'inserimento di attività ludiche, di momenti di rinforzo grammaticale e di potenziamento degli aspetti comunicativi già presentati nel manuale.

Il contenuto di ogni unità della Guida è introdotto da un sommario che riepiloga le strutture comunicative, lessicali e grammaticali trattate e gli argomenti di civiltà che il manuale affronta nelle sezioni *Conosciamo l'Italia*.

All'inizio di ogni unità si trova un elenco del materiale extra necessario per la preparazione e lo svolgimento delle attività, messo a disposizione dei docenti sotto forma di schede e tabelle da fotocopiare.

Segue una sezione introduttiva, *Per cominciare*, la quale, rispecchiando la disposizione degli argomenti utilizzata in *Progetto italiano Junior*, inquadra il contenuto generale dell'unità.

Come per il manuale, anche ogni attività della Guida è presentata con indicazioni esplicative che ne rendono immediata la comprensione e forniscono la misura della potenziale ricaduta nel processo di apprendimento/insegnamento attuato in classe.

Nei casi in cui siano necessarie, per ogni attività vengono inoltre fornite le soluzioni.

Per favorire un approccio più coinvolgente allo studio della materia, la Guida prevede inoltre attività da svolgere a coppie o in piccoli gruppi, con modalità di gioco che rendono maggiormente piacevole le varie fasi dell'apprendimento e fornisco ulteriore motivazione alla comunicazione in lingua italiana come LS o come L2.

Per quanto concerne gli argomenti grammaticali, tutti quelli trattati nel manuale vengono ripresi con spiegazioni chiare e immediate che facilitano la presentazione agli studenti e ne agevolano l'approfondimento e il rinforzo, mediante la ripresa di tabelle grammaticali complete o da completare per utilizzare e verificare quanto appreso.

La Guida contiene infine tutte le chiavi di correzione delle attività proposte nel manuale e degli esercizi del Quaderno, nonché la trascrizione delle tracce audio del cd allegato al libro.

Sperando di poter contribuire a rendere l'utilizzo di *Progetto italiano Junior* ancora più piacevole e proficuo, auguro a tutti buon lavoro e ringrazio in anticipo per osservazioni e critiche.

L'autrice

Indice

Elementi comunicativi e lessicali

- Chiedere e dire il proprio nome
- Chiedere e dire l'età
- Conoscere le primissime "parole della scuola"
- Contare da uno a trenta

Elementi grammaticali

- L'alfabeto italiano
- Le consonanti doppie
- Singolare e plurale
- Articoli determinativi
- Indicativo presente dei verbi *essere* e *avere*

Civiltà

- Città italiane famose nel mondo

Materiale necessario

- Se la ritenete opportuna, una copia per ciascuno studente dell'alfabeto a pagina 10 per lo svolgimento dell'attività **A4**
- Una fotocopia per ciascuno studente della tabella a pagina 11 per l'attività **In classe**

Prima parte

A Parole e lettere

1 Osservate con la classe le fotografie a pagina 5 del libro e chiedete agli studenti di indicare liberamente quale tra le immagini proposte rappresenti meglio l'Italia. Qualche studente sarà probabilmente già in grado di riconoscere e "nominare" una o due immagini.

2 Leggete le parole proposte nell'attività; successivamente chiedete agli studenti di abbinarle alle immagini, lavorando a coppie.
Mentre procedete alla verifica con tutta la classe, potete precisare i contenuti di alcune immagini: per la foto n. 1 il titolo del film "La vita è bella" e il nome di Roberto Benigni; per la 7 il nome di Laura Pausini; per la 6 il nome dell'Anfiteatro Flavio, detto Colosseo, a Roma; il nome di Dante Alighieri sulla moneta da 2 Euro, la Ferrari e così via.

Soluzione dell'esercizio di abbinamento: 1. *cinema*, 2. *spaghetti*, 3. *moda*, 4. *calcio*, 5. *pizza*, 6. *arte e storia*, 7. *musica*, 8. *cappuccino*
Scrivete alla lavagna i nomi degli ambiti considerati nell'esercizio precedente (sport, musica, cinema, cucina, arte e storia, moda) e chiedete agli studenti se conoscono altre parole italiane.
Chiedete inoltre di provare, con o senza il vostro aiuto, ad abbinarle a uno degli ambiti scritti alla lavagna. Fate trascrivere sul libro o sul quaderno le parole emerse.

3 Prima di procedere all'attività di ascolto delle lettere dell'alfabeto italiano, leggetele voi lentamente alla classe. Riascoltate l'alfabeto o procedete a una seconda lettura.

4 Chiedete agli studenti di riconoscere e pronunciare "in coro" le lettere che formano le parole contenute nella prima parte dell'attività 2.

La lettura lettera per lettera, anche se di gruppo, potrebbe risultare a questo stadio dell'apprendimento eccessivamente complessa e magari frustrante per studenti la cui lingua madre presenti un sistema alfabetico molto diverso dal nostro; se la composizione della classe lo giustifica, fotocopiate per ciascuno studente la tabella di pagina 10 e lasciatela utilizzare liberamente durante lo svolgimento di questo esercizio.

Chiedete se c'è qualche studente disposto a ripetere da solo la lettura delle lettere di una parola già letta insieme.

Per riepilogare e fissare meglio, rileggete voi lentamente tutte le parole, sempre lettera per lettera.

5 Fate ascoltare e ripetere la traccia del cd relativa a questa attività.

Come attività di rinforzo: scrivete le parole alla lavagna e fatele copiare sul quaderno; chiedete poi agli studenti di cerchiare con una matita o una penna colorata i fonemi da esercitare (*ca, ga, co...*) mentre voi rileggete lentamente le parole che le contengono. Procedete alla correzione evidenziando i fonemi alla lavagna. Chiedete agli studenti se conoscono altre parole con lo stesso fonema e trascrivetele alla lavagna sottolineando il fonema interessato.

6 Fate ascoltare e scrivere le parole negli spazi appositi; procedete alla verifica pronunciando e scrivendo alla lavagna le parole. Soluzione: *attrici, simpatiche, geografia, messaggino, giovane, genitori, buongiorno, amico, bicicletta, spaghetti*

B Italiano o italiana?

1 Leggete le parole scritte sotto le immagini e chiedete agli studenti di osservare la caratteristica che accomuna questi tre gruppi.

Dall'osservazione delle immagini emergerà, anche attraverso la Guida dell'insegnante, che si tratta sempre di un unico oggetto nel caso delle prime immagini di ciascun gruppo e di tanti oggetti del medesimo tipo nelle seconde immagini.

Osservate che *uno* e *tanti* corrispondono a *singolare* e *plurale*; rafforzate questo concetto aiutandovi con le immagini del libro.

2 Osservate con la classe le immagini e leggete le parole abbinate. Chiedete agli studenti di scoprire quale errore riscontrano negli abbinamenti.

3 Ricopiate alla lavagna lo schema del libro a pagina 7 e spiegate la formazione del plurale in italiano.

Sostantivi maschili terminanti al singolare in -*o* hanno il plurale in -*i*: *zaino, zaini*.
Sostantivi maschili terminanti al singolare in -*e* hanno il plurale in -*i*: *professore, professori*.
Sostantivi femminili terminanti al singolare in -*a* hanno il plurale in -*e*: *penna, penne*.
Sostantivi femminili terminanti al singolare in -*e* hanno il plurale in -*i*: *chiave, chiavi*.

4/5 Chiedete agli studenti di volgere al plurale i nomi o i sintagmi dati al singolare; fate osservare il passaggio dall'uno all'altro numero sia del nome che dell'aggettivo ad esso eventualmente riferito.

Leggete le soluzioni corrette e trascrivetele alla lavagna, in modo che siano ben evidenti per tutta la classe.

Soluzione B4: 1. *penne*, 2. *librerie*, 3. *pesci*, 4. *notti*, 5. *alberi*, 6. *treni*
Soluzione B5: 1. *ragazzi alti*, 2. *macchine rosse*, 3. *penne nere*, 4. *case nuove*

C Ciao, io sono Gianna...

1 Osservate le fotografie con i vostri studenti: si tratta di persone che si incontrano e si salutano. Chiedete ai vostri studenti se conoscono alcune parole usate in Italia per salutarsi. Proponete l'ascolto relativo a questa attività e chiedete poi di identificare a quali immagini corrispondano i minidialoghi ascoltati.

2/3 Riascoltate i minidialoghi e chiedete agli studenti riuniti in coppie di completare la parte di testo mancante.

Chiedete successivamente di completare la tabella del presente indicativo del verbo *essere*

utilizzando le voci verbali che hanno inserito nei minidialoghi.
Soluzione: *(io) sono, (lui/lei) è*

4 Leggete la frase d'esempio *Lui è Paolo, è italiano* e chiedete agli studenti di formulare oralmente a turno frasi analoghe con gli elementi forniti.
Soluzioni: *Lei è Maria, è brasiliana; Lui è Hamid, è marocchino; Loro sono Diego e Paula, sono argentini; Loro sono Maria e Carmen, sono spagnole; Lei è Yu, è cinese; Loro sono John e Larry, sono americani*

5 Leggete il minidialogo di esempio e chiedete agli studenti, in coppia, di realizzarne due o tre simili assumendo a scelta le personalità presentate nell'esercizio 4.

6 Chiedete agli studenti di presentare a turno alla classe se stessi e il compagno con il quale hanno svolto l'esercizio precedente.
Esempio: *Io sono Flavia, sono italiana. Lei è Marie, è francese.*

7 Procedete all'ascolto delle parole e fatele ripetere. Come rinforzo, scrivete le parole alla lavagna e chiedete agli studenti di copiarle sul loro quaderno. Procedete a un riascolto durante il quale chiederete agli studenti di evidenziare nelle parole il fonema di volta in volta interessato. Correggete alla lavagna. Chiedete agli studenti se conoscono altre parole con lo stesso fonema e trascrivetele alla lavagna sottolineando il fonema interessato.

8 Ascoltate e fate trascrivere le parole: leggetele alla classe per la correzione e trascrivetele alla lavagna.
Soluzione: *Alessia, brasiliano, studentessa, usare, scuola, uscire, singolare, borsa, straniero, professoressa*

Seconda parte

A Il ragazzo o la ragazza?

1 Osservate le immagini con la classe e chiedete agli studenti di lavorare in coppia ascoltando il cd e abbinando quanto ascoltato alle immagini corrispondenti. Chiedete quindi agli studenti di ipotizzare una frase anche per le due immagini in più. Procedete alla correzione lasciando la possibilità a studenti volontari di leggere le proprie soluzioni; ripetete comunque voi gli abbinamenti corretti.
Soluzione: *6, 5, X, 3*
2, 4, 1, X

2 Leggete alla classe la tabella sugli articoli determinativi e chiedete che completino individualmente l'esercizio relativo.
Soluzione: *1. la, 2. le, 3. Gli, 4. il, 5. lo, 6. l'*

3 Chiedete agli studenti di abbinare individualmente i sostantivi e gli articoli dati. Procedete alla correzione e trascrivete alla lavagna gli abbinamenti corretti, soffermandovi a riflettere su quanto accade in presenza di nome singolare maschile e femminile iniziante per vocale: *l'* per il singolare maschile e femminile (*l'albero, l'aula*); *gli* per il maschile plurale (*gli alberi*), *le* per il femminile plurale (*le aule*). Iniziate anche a far osservare la differenza tra i nomi maschili che iniziano con un'unica consonante e quelli che invece cominciano con gruppi consonantici o *z* (ad esempio *il libro/lo zaino; il quaderno/lo studente…*).
Rileggete insieme alla classe la tabella alla sezione A2.
Soluzione: *1. gli, 2. l', 3. l', 4. il, 5. i, 6. lo*

4 Leggete l'esempio *La macchina è rossa* e chiedete agli studenti di costruire frasi del medesimo tipo utilizzando gli elementi forniti.
Per rinforzare questa attività, potete proporre agli studenti, a coppie, di abbinare, anche liberamente, gli elementi dati per formare il maggior numero di frasi di senso compiuto nel minor tempo possibile.
Soluzione: *La casa è bella*; *I pesci sono piccoli*; *I libri sono nuovi*; *Gli studenti sono stranieri*; *L'insegnante è simpatica*. Abbinamenti liberi: *L'insegnante è bella*; *I libri sono piccoli*

5 Chiedete agli studenti di completare individualmente la tabella inserendo i numeri mancanti; leggete insieme alla classe i numeri da 1 a 10.

6 Procedete all'ascolto delle parole e fatele ripetere; scrivetele alla lavagna e chiedete agli studenti di copiarle sul quaderno. Come rinforzo dell'attività, procedete a un riascolto durante il quale chiederete agli studenti di evidenziare, con un colore diverso da quello usato per copiare, il fonema di volta in volta interessato. Correggete alla lavagna.
Chiedete agli studenti se conoscono altre parole con lo stesso fonema e trascrivetele alla lavagna sottolineando il fonema interessato.

7 Ascoltate e fate trascrivere le parole; leggetele alla classe per la correzione e trascrivetele alla lavagna.
Soluzione: *esercizio, zia, cognome, luglio, compagno, ragazzo, insegnante, lezione, lavagna, nazionalità*

B Chi è?

1 Fate ascoltare la traccia del cd indicata e chiedete agli studenti di completare le vignette con le parole mancanti.
Soluzione: *anni, come, chiama, Paolo*

2 Leggete e osservate insieme a loro la coniugazione dell'indicativo presente del verbo *avere* chiedendo di completarla con le voci mancanti desumibili dall'esercizio 1.

Osservate anche il riquadro accanto (*chiamarsi*); per rinforzare quanto osservato, fate fare un esercizio a catena nel quale ogni studente dica come si chiama e chieda il nome al compagno più vicino. Es.: *Io mi chiamo Flavia. E tu, come ti chiami?* eccetera.
Soluzione: *ho, ha, mi chiamo*

3 Chiedete di abbinare le frasi della colonna di sinistra con quelle della colonna di destra; procedete alla correzione leggendo le frasi abbinate per esteso. Soluzione: 1. *b*, 2. *d*, 3. *a*, 4. *c*

4 Fate ascoltare i numeri da 11 a 30 e fate eseguire a coppie l'esercizio di completamento. Riascoltate e ripetete insieme alla classe i numeri, partendo la prima volta da 11, la seconda volta cominciate da 1 (esercizio A5 della seconda parte). Notate con i vostri studenti che mentre la parola tre si scrive senza accento, i suoi composti sono sempre accentati (tre ma ventitré, trentatré, eccetera)
Soluzione: *sedici, ventiquattro, trenta*

5 A questo punto gli studenti hanno gli elementi necessari per cimentarsi con un facile role-play nel quale gli studenti, a coppie, chiederanno al proprio compagno il nome, l'età e lo spelling di nome e cognome. Si può ipotizzare una specie di breve intervista le cui risposte verranno poi riferite ad alta voce alla classe da parte dell'intervistante. È importante che i due studenti della coppia svolgano a turno il ruolo A e B in modo da esercitare diverse funzioni. L'attività verrà quindi ripetuta due volte per coppia.
Esempio:
Studente A: Come ti chiami?
Studente B: Mi chiamo *Mario Rossi*.
Studente A: Quanti anni hai?
Studente B: Ho … anni.
Studente A: Come si scrive il tuo nome?
Studente B: Emme, a, erre, i, o, erre, o, esse, esse, i.
Studente A riferisce alla classe: Lui si chiama *Mario Rossi*; ha … anni; il suo nome si scrive…

6 Fate ascoltare e ripetere le parole con le consonanti doppie; ripetete l'ascolto. Se ritenete che la classe lo consenta e che non si corra il rischio di generare fraintendimenti, fate sentire agli studenti il suono delle stesse parole pronunciate con la consonante scempia. Se avete fatto questo passaggio, ripetete l'ascolto una terza volta.

7 Chiedete agli studenti di scrivere negli spazi appositi i nomi degli oggetti corrispondenti alle parole che ascolteranno dal cd. Hanno notato qualche differenza tra queste parole? Soluzione: *penna, latte, torre, tabella, cioccolato, gatto, numeri, cane, cappello, architetto*

In classe

Leggete le vignette dell'immagine a pagina 15 e cercate di rispondere alle domande in modo molto semplice; dovrete ricorrere ad elementi metaverbali, talvolta anche "mimando" le risposte.
Cercate di evidenziare le "parole della scuola" come *pagina* ed *esercizio* e, aiutandovi con gli oggetti presenti in classe, nominatene altri (per esempio: *lavagna, penna, zaino, quaderno, libro, astuccio, matita, gomma, banco, sedia, cattedra*). Proponete agli studenti di completare singolarmente la scheda a pagina 11 (se risultasse troppo complicato, consentite loro di consultare la tabella degli articoli sul libro a pagina 11). Procedete quindi alla correzione alla lavagna, ripetendo gli abbinamenti tra le parole e gli oggetti di volta in volta nominati.

Conosciamo l'Italia

Brainstorming: chiedete agli studenti se conoscono il nome di qualche città italiana; osservate le fotografie a pagina 16 del libro e leggete le didascalie. Chiedete poi agli studenti di inserire correttamente i nomi delle due città mancanti. Utilizzate questa parte per rinforzare quanto appreso a proposito di articoli determinativi e di singolare/plurale e chiedete alla classe di scrivere sul quaderno i nomi comuni contenuti nelle didascalie, preceduti dall'articolo corrispondente, e di volgere poi gli stessi nomi e articoli al plurale (o al singolare nel caso delle Torri di Bologna):
Soluzione: *la cattedrale / le cattedrali, il ponte / i ponti, il palazzo / i palazzi, la piazza / le piazze, le torri / la torre*

Chiedete ai vostri studenti se per caso conoscono altri palazzi, monumenti, opere d'arte italiane famose nel mondo.

L'alfabeto italiano

Aa	Bb	Cc	Dd
a	bi	ci	di

Ee	Ff	Gg	Hh
e	effe	gi	acca

Ii	Ll	Mm	Nn
i	elle	emme	enne

Oo	Pp	Qq	Rr
o	pi	qu	erre

Ss	Tt	Uu	Vv
esse	ti	u	vu (vi)

Zz			
zeta			

In parole di origine straniera

Jj	Kk	Ww	Xx	Yy
i lunga	cappa	vu doppia	ics	ipsilon

Le parole della scuola

la	penna	le	penne
....	....	....	zaini
l'	astuccio	....	....
....	....	....	lavagne
....	....	....	cattedre
....	sedia	....	....
....	gomma	....	....
....	....	....	banchi
....	libro	....	....
....	matita	....	....
....	....	....	quaderni
....	pagina	....	....
....	....	....	esercizi

A scuola

Elementi comunicativi e lessicali

- Presentarsi e fare conoscenza
- Salutare
- Descrivere l'aspetto fisico e il carattere di una persona
- Chiedere e fornire informazioni
- Usare la forma di cortesia

Elementi grammaticali

- Indicativo presente delle tre coniugazioni (-are, -ere, -ire)
- Articolo indeterminativo
- Forma di cortesia
- Aggettivi in -e (intelligente, -i)

Civiltà

- La scuola in Italia

Materiale necessario

- Per cominciare, *seconda opzione*: applicare su cartoncini la fotocopia ingrandita delle parole a pagina 18 e ritagliare lungo le linee. Consegnare a ciascuno studente un set di parole.
- Per cominciare, **1**: fare una fotocopia per ogni alunno delle tabelle a pagina 19.
- Prima parte, **A7**: Attività di fissaggio, Gioco: fare diverse fotocopie delle carte a pagina 20 per formare due mazzetti per ogni gruppo di 4 giocatori.
- Seconda parte, **A2**: Attività di role-play guidato: fotocopie della pagina 21 (dialogo e tabella da ritagliare).

Per cominciare...

Prima opzione. Proponete agli studenti un associogramma (anche detto *spider-gram*): scrivete nel centro della lavagna la parola **scuola** e chiedete di associare liberamente a questo nome altre parole.

Seconda opzione. Se il livello della classe non consente il reperimento di un discreto numero di parole, proponete un esercizio di riconoscimento nel quale il compito degli studenti sia di associare alla parola *scuola* altre parole da voi proposte in un gruppo eterogeneo (fotocopie ingrandite delle "carte" di pagina 18). Risulterà infatti più semplice riconoscere delle parole e, come richiesto in questo caso, assegnarle a un campo semantico comune, piuttosto che reperirle/produrle autonomamente. Se la realizzazione delle "carte" per questa attività vi sembra troppo complessa e poco funzionale, è possibile usufruire solo della lavagna, scrivendo in ordine sparso alcune parole (mischiando quelle relative alla scuola con

quelle estranee) e facendo selezionare agli studenti solo quelle relative alla scuola.

In entrambi i casi, chiedete agli studenti di ricopiare sul quaderno le parole che vengono individuate durante l'attività.

1 Gli studenti, eventualmente utilizzando la loro lingua, discutono sull'argomento proposto: che cosa ha di bello il primo giorno di scuola? Chiedete successivamente agli studenti di osservare le vignette e provare a descriverle sommariamente in italiano anche usando le parole introdotte precedentemente.

In un secondo momento gli studenti esprimeranno il loro parere su quale delle situazioni sia per loro più piacevole in occasione dell'inizio di un nuovo anno scolastico.

Consegnate una fotocopia della tabella in alto a pagina 19 che voi copierete alla lavagna; servirà a voi e ai singoli studenti per segnare il numero complessivo di preferenze per ogni situazione; stilate in un secondo momento la classifica mettendo in ordine le preferenze emerse (tabella in basso).

2 Leggete agli studenti l'elenco delle materie di studio proposte dal libro, spiegatene eventualmente il significato e chiedete di esprimere le loro preferenze.

3 Chiedete agli studenti di leggere le parole indicate nel libro (che nel frattempo avrete scritto alla lavagna) e invitateli a scambiarsi idee sul loro significato.

Prima parte

A Sei nuova, no?

1 Introduzione all'ascolto: prima di procedere all'ascolto del dialogo proponete a tutta la classe un'osservazione ragionata delle vignette; guidate l'osservazione ponendo e scrivendo alla lavagna le seguenti domande: *Dove si svolge il dialogo? Tra chi?*
Chiedete ai ragazzi di ripensare alle parole dell'attività A3 in *Per cominciare* in modo da ipotizzare soluzioni relative al contenuto del dialogo.
Informate poi gli studenti che ascolteranno il dialogo tra due ragazze che si incontrano il primo giorno di scuola.
Una delle due è nuova del posto (Chiara); la seconda (Alessia) le chiede alcune informazioni di carattere personale e poi le dà qualche indicazione sugli altri compagni di classe. Fate ascoltare il dialogo una prima volta.

2 Prima di procedere al riascolto, leggete agli studenti la lista delle domande dell'esercizio vero/falso e chiedete loro di focalizzare l'attenzione soprattutto sulle informazioni relative a questi quesiti.
Ascoltate il dialogo una seconda ed eventualmente anche una terza volta, chiedendo agli studenti di rispondere; procedete poi con tutta la classe alla verifica delle risposte.
Soluzione: 1. *V*, 2. *F*, 3. *V*, 4. *F*, 5. *V*

3 Chiedete agli studenti di rispondere oralmente alle domande riportate sul libro, rileggendo il dialogo alla pagina precedente.

Proponete alla lavagna le risposte corrette:
- Chiara abita fuori città.
- Dopo la scuola Chiara torna a casa con il treno.
- Giulia scrive spesso messaggi con il cellulare.

Per rafforzare l'attività, copiate alla lavagna la seguente tabella e chiedete agli studenti di realizzare, in coppia, il maggior numero possibile di combinazioni.

Chiara Giulia	scrive torna abita	con il treno con il cellulare	fuori città qui vicino a casa	messaggi

Procedete oralmente alla verifica:
- Chiara/Giulia scrive messaggi con il cellulare.
- Chiara/Giulia abita qui vicino/fuori città.
- Chiara/Giulia torna a casa con il treno.

4 Chiedete agli studenti di spiegare nella loro lingua il significato delle espressioni in blu.
Proponete poi alcune situazioni che ribadiscano l'uso di queste espressioni in italiano.
Ad esempio, indicando la vostra borsa: "*È una bella borsa, no?*"; oppure stando sulla soglia dell'aula: "***Benvenuti!*** *Questa è la vostra classe*"; "*Io sono la nuova insegnante di italiano.* ***Piacere***".

5 Scrivete le parole mancanti alla lavagna, leggetele e chiedete agli studenti di procedere individualmente al completamento del testo.
Soluzione: *Abitiamo, lavora, treno, prende, cellulare*

6 Scrivete alla lavagna i verbi dell'esercizio precedente e chiedete alla classe di ipotizzarne il pronome personale e l'infinito; se credete che il livello della classe lo renda necessario, scrivete anche i pronomi personali e chiedete agli studenti di abbinarli ai verbi scegliendoli tra quelli che proporrete disegnando uno schema simile al seguente:

Successivamente gli studenti completano individualmente la tabella sul libro; si procede poi alla correzione in comune facendo notare che il presente indicativo dei verbi italiani si forma aggiungendo al tema dell'infinito le desinenze che ritrovano nella tabella.

7 Chiedete agli studenti, in coppia, di analizzare le vignette, descriverle sommariamente e abbinarle ai testi proposti.
Fate individuare agli studenti gli infiniti dei verbi usati nelle domande abbinate alle vignette.
Soluzione da sinistra verso destra e dall'alto in basso: 4. *leggere*, 1. partire, 3. *mandare*, 2. *dormire*, 6. *ascoltare*, 5. *mangiare*

Attività ludica di fissaggio

Dividete gli studenti in gruppetti di quattro giocatori.
Realizzate dei mazzetti di carte fotocopiando più volte la pagina 20 e ritagliando le carte lungo la linea. A turno gli studenti pescano una carta da entrambi i mazzi e coniugano il verbo indicato dalla carta pescata da un mazzetto alla persona indicata sulla carta pescata dall'altro mazzetto.
Se la risposta è corretta, il giocatore accumula carte in un suo mazzetto personale; se è sbagliata, le carte vengono scartate.
Vince il giocatore che, finite le carte, ha realizzato il numero maggiore di coppie.

B Una giornata importante!

1 Proponete ora agli studenti la lettura individuale del testo del blog e chiedete di fare i successivi abbinamenti.
Soluzione: *Alessia è una ragazza intelligente; Paolo è un ragazzo sportivo; Dino è un ragazzo che non parla molto; Giulia è un'amica di Alessia*

Chiedete poi agli studenti di fare qualche ipotesi su Chiara, la creatrice del blog, basandosi sulla sua immagine e su quanto sanno di lei fino ad ora. Discutete.
Scrivete ora alla lavagna una tabella riassuntiva degli articoli indeterminativi.

MASCHILE	FEMMINILE
Un	Una
Uno	Un'

Successivamente rileggete il testo e chiedete ai singoli studenti di sottolineare gli articoli indeterminativi che verranno inseriti, con il loro aiuto, in un'altra griglia disegnata da voi alla lavagna.
A questo punto gli studenti dovranno individuare nel testo del blog e degli abbinamenti tutti i sostantivi e inserirli accanto all'articolo corrispondente nella griglia, che risulterà in questo modo:

MASCHILE		FEMMINILE	
UN	RAGAZZO	**UNA**	GIORNATA
	COMPAGNO		SCUOLA
			RAGAZZA
			MUSICA
		UN'	AMICA

2 Rileggete insieme il testo e proponete agli studenti di rispondere individualmente alle domande.
Risposte: 1. *Per Chiara questo è un giorno importante perché è in una scuola nuova*; 2. *Le nuove compagne di Chiara sono intelligenti e simpatiche*; 3. *Paolo è un ragazzo gentile e sportivo, Dino è un ragazzo che non parla molto*; 4. Risposta libera

Attività di fissaggio

Fate lavorare gli studenti a coppie e chiedete loro di immaginare di essere effettivamente al primo giorno di scuola e di dover descrivere uno/due compagni, utilizzando le stesse espressioni di Chiara.

3 Chiedete di completare la tabella; farete notare agli studenti le differenze tra **uno/un** e **una/un'**.
Chiedete agli studenti di formulare delle ipotesi su questo uso differente dell'articolo, proponendo alla lavagna anche altri esempi.
Procedete poi a guidare il percorso verso la soluzione: si tratta in tutti i casi di sostantivi singolari, maschili e femminili.
Per i maschili, quelli che iniziano per vocale o consonate semplice (anno, ragazzo) hanno lo stesso articolo indeterminativo **un**; quelli che iniziano per *s + consonante* (stadio, studente), per *z* (zio, zaino), *gn* (gnocco), *pn* (pneumatico), *ps* (pseudonimo), *x* (xilofono) hanno l'articolo indeterminativo **uno**.

Per il femminile la forma corrispondente a *un + vocale* si ottiene dall'eliminazione della desinenza *-a* di *una* con la conseguente aggiunta dell'apostrofo.
Esemplificate alla lavagna utilizzando anche parole già note dalle sezioni precedenti.

C Ciao Maria!

1 Attività introduttiva: osservando le fotografie, quali elementi in comune potere notare? Risposta: sono ritratte persone che, in modi diversi, si salutano.
Proponete l'ascolto dei minidialoghi e chiedete agli studenti di abbinarli alle immagini.
Soluzione da sinistra a destra: *2, 1, 3, 4*
Riproponete l'ascolto e procedete alla verifica delle risposte date.

2 Leggete la tabella che riporta le varie tipologie di saluto e provate a chiedere agli studenti se ne conoscono le differenze e se saprebbero usare i saluti adatti in ogni circostanza.
Chiedete poi di abbinare i saluti ai disegni corrispondenti e procedete alla verifica collettiva
Soluzione: 1. *A domani / A dopo*, 2. *Buongiorno*, 3. *Buonanotte*, 4. *Arrivederci*

3 Fate eseguire a coppie l'attività alternando i ruoli (è importante che ogni studente della coppia sperimenti entrambi i ruoli) e facendo recitare qualche minidialogo davanti a tutta la classe.

Seconda parte

A Di dove sei?

1 Introducete l'ascolto del dialogo anticipando che si tratta della conversazione tra due ragazzi che si sono appena conosciuti.
Ascoltate il dialogo e chiedete di completare gli spazi vuoti; leggete le proposte insieme e riascoltate il dialogo per verificarle.

Soluzione: 1. *chiamo*, 2. *quanto*, 3. *Firenze*, 4. *studio*, 5. *centro*, 6. *preferisce*

2 Chiedete agli studenti, in coppia, di osservare le vignette, rimetterle in ordine e descriverne il contenuto utilizzando le parole ascoltate nel dialogo.
Fate riascoltare il dialogo per la verifica.
Soluzione, da sinistra verso destra: *1, 6, 4, 3, 5, 2*

Attività di role-play guidato

Fotocopiate (ingrandendo, se volete, la pagina) il dialogo e la tabella a pagina 21 in numero sufficiente alle coppie di studenti presenti. Ritagliate lungo i bordi le caselle relative ai vari elementi da abbinare nell'esercitazione e raggruppateli in mucchietti affini, secondo le domande poste in cima a ogni colonna.

Riunite gli studenti a coppie e fateli procedere alla pesca di due cartoncini dal primo mucchietto (Ciao, io sono…) e di un cartoncino da ciascuno dei mazzetti rimanenti.

Ogni coppia si troverà così ad avere il proprio personale copione per sperimentare il dialogo organizzando opportunamente (e secondo la traccia fornita dalla fotocopia del dialogo) gli elementi pescati.

3 Fate ipotizzare ai vostri studenti se le espressioni marcate in blu vengono utilizzate quando si chiedono o quando si danno informazioni.

4 Rileggete ad alta voce il testo del dialogo e chiedete agli studenti di rispondere individualmente alle domande.
Soluzione: 1. *Chiara è di Bari*; 2. *Perché il padre lavora a Firenze*; 3. *Il padre di Chiara è architetto*; 4. *Abitano a Fiesole, fuori città*

5 Chiedete agli studenti di eseguire individualmente l'attività, collegando a ciascuna domanda la risposta corrispondente.

Attività di rinforzo. Disegnate alla lavagna una tabella con due colonne, riportando solo parzialmente le espressioni dell'esercizio. Chiedete agli studenti di aiutarvi a completare la tabella con le espressioni mancanti.

Chiedere informazioni	Dare informazioni
Tu sei Chiara, vero?	
	Sono di Bari
Dove abitate	
	È architetto
	Da due mesi

6 Chiedete agli studenti di lavorare a coppie e di assumere alternativamente i ruoli di A e B, chiedendo e dando informazioni.
Fate recitare qualche minidialogo alla classe.

7 Fate rileggere il dialogo di pagina 23 del libro e chiedete di completare la tabella dei verbi in -ire, copiandola alla lavagna e facendovi aiutare dagli studenti.
Riflettete con gli studenti sulla presenza in italiano di verbi della terza coniugazione in -isco, esemplificate alla lavagna facendovi aiutare dagli studenti.
Soluzione: *preferisco, preferisce, preferiscono*

 ## E Lei, come si chiama?

1 Proponete la lettura del dialogo a pagina 25 e successivamente chiedete agli studenti di eseguire individualmente l'attività.
Soluzione: *1, 3*

2 Proponete adesso agli studenti di riflettere sulle forme usate dai due interlocutori e sulle differenze ipotizzabili tra *tu/Lei*.
Disegnate la seguente tabella alla lavagna e completatela con l'aiuto degli studenti. Alla fine risulterà così:

Dare del tu	Dare del Lei
Tu sei…?	E Lei, come si chiama?
Di dove sei?	E Lei, è di Firenze?
Sei brava in…?	Quale materia insegna?

Riflettete sull'uso della forma di cortesia in italiano e sul suo grado di formalità. Favorite dei confronti con la lingua madre degli apprendenti.

3 Proponete ora l'ascolto dei minidialoghi e la compilazione della relativa tabella sul libro. Stimolate gli studenti a riconoscere i diversi gradi di formalità.
Soluzione: *dialoghi formali: a, c; dialoghi informali: b, d*

4 Chiedete agli studenti in coppia di assumere i ruoli di A e B e di formulare dei dialoghi utilizzando come traccia quello in B2 e formulando domande e risposte indicate in questa attività.

C Com'è?

1 Chiedete agli studenti di leggere individualmente le battute del dialogo e di dare un ordine logico. Ascoltate il dialogo e verificate, rileggendo la sequenza corretta.
Soluzione: 1, 5, 4, 2, 3, 6

2 Fate completare con le parole evidenziate nel dialogo della precedente attività (*alto*, *bello*, *bionda*, *azzurri*).

3 Fate osservare agli studenti la presenza degli

aggettivi in -*e* che sono identici al maschile e al femminile sia al singolare sia al plurale, forma in cui presentano la desinenza in -*i*.

4 Esemplificate quanto appena detto attraverso le combinazioni proposte in questa attività. Una volta ottenute le frasi, fate trasformare quelle singolari al plurale e viceversa.

5 Dopo aver chiesto agli studenti di dire che cosa sanno di Eros Ramazzotti, proponete loro di completare l'immagine del libro (parti del corpo) attraverso l'uso dei vocaboli dati .

6 Chiedete agli studenti di procedere in coppia alla descrizione dei ragazzi disegnati utilizzando i termini che conoscono.

7 Chiedete a ogni studente di descrivere, in un breve testo scritto, il suo migliore amico.

Conosciamo l'ITALIA

La scuola in Italia

1 Cosa sanno in generale gli studenti sulla scuola italiana? C'è una scuola italiana nella loro città? La conoscono? Avviate una breve discussione, chiedendo di leggere i testi proposti a pagina 28 e 29 e suggerite un confronto tra la scuola italiana e quella del loro Paese. Proponete alcune domande da seguire come traccia; ad esempio:
- a che età un bambino inizia la scuola nel vostro Paese?
- quali sono i periodi di vacanza?
- quali sono le materie preferite dagli studenti italiani? E secondo gli studenti della vostra classe?

2 Visitate il sito di Edilingua o proponete agli studenti di farlo autonomamente per approfondire l'argomento svolgendo le attività online.

3 Introducete l'intervista che segue dicendo che sono state fatte ai ragazzi tre domande sulla scuola: Quale materia ti piace di più, quale di meno e quale momento preferisci della scuola. Cosa avrebbero risposto?
Fate ora svolgere l'attività di comprensione orale e verificate le risposte date.
Infine, potreste proporre una breve discussione confrontando le risposte dei ragazzi italiani interpellati con quelle della classe.

4 Come attività pratica, proponete a coppie di studenti di ripetere queste domande ad altri compagni nella stessa scuola. Alla fine confrontate le risposte ottenute dalle varie coppie e stilate delle classifiche o statistiche.

Per cominciare, seconda opzione

CLASSE

PROFESSORE

COMPAGNI

LEZIONE

MATERIA

TRENO

CASA

RAGAZZA

Per cominciare, 1

IL PRIMO GIORNO DI SCUOLA È BELLO PER...	Numero di preferenze	Posizione in classifica
Rivedere gli amici		
Ritrovare i professori		
Conoscere nuovi compagni		
Fare lezione		
Cambiare classe o scuola		

Classifica	IL PRIMO GIORNO DI SCUOLA È BELLO PER...
I	
II	
III	
IV	
V	

Prima parte, A7 - Attività di fissaggio

1S	**2S**	**3S**
1P	**2P**	**3P**

AMARE	ABITARE
PRENDERE	VEDERE
SENTIRE	FINIRE

Seconda parte, A2 - role-play

Paolo: Ciao, io mi chiamo Paolo.
Chiara: Piacere, **Chiara**.
Paolo: Piacere, di dove sei?
Chiara: **Sono di Bari**.
Paolo: Ah, e da quanto tempo sei qui?
Chiara: Siamo a Firenze **da due mesi**…Ora mio padre lavora qui.
Paolo: Ah, e dove?
Chiara: **In uno studio qui vicino, è architetto**.
Paolo: Dove abitate, qui in centro?
Chiara: **No, fuori città**, a Fiesole.
Paolo: Ma è lontano?
Chiara: No, in treno sono 15 minuti. Mio padre preferisce il treno all'auto.

Ciao, io sono...	Di dove sei?	Da quanto tempo sei qui?	Dove lavora tuo padre?	Abiti qui in centro?
Luigi	Milano		**Nell'ospedale qua vicino, è medico**	
Elena		Tre mesi		**Sì, qui vicino**
Laura	Roma		**In una scuola, è insegnante di italiano**	
Pietro		Due giorni		**No, fuori città**
Alice	Venezia		**In stazione, è capotreno**	
Andrea		Un anno		**No, in periferia**
Camilla	Pisa		**In banca, è impiegato**	

Tempo libero

Elementi comunicativi e lessicali

- Fare un invito
- Accettare/rifiutare un invito
- Chiedere e dire l'ora
- Parlare del tempo libero
- Lessico di base relativo all'abitazione
- Lessico di base sui trasporti pubblici urbani
- Numeri cardinali da 30 a 100
- Numeri ordinali

Elementi grammaticali

- Indicativo presente di alcuni verbi irregolari
- Indicativo presente dei verbi servili
- Alcune preposizioni

Civiltà

- I mezzi di trasporto italiani
- Ragazzi e tempo libero in Italia

Materiale necessario

- Prima parte, **B2**: una fotocopia per ogni coppia di studenti del foglio *Gioco con i giorni della settimana* a pagina 28.
- Prima parte, **B3**: una fotocopia per ciascuno studente della tabella a pagina 29.
- Seconda parte, **C5**: una fotocopia per ogni gruppo della tabella a pagina 30.

Per cominciare...

1 Osservate con la classe le immagini di pagina 31 del libro senza leggere le didascalie e chiedete agli studenti di descriverne brevemente il contenuto; leggete poi le didascalie proposte come descrizioni e chiedete quindi agli studenti di esprimersi liberamente dicendo quale sia l'attività che tra queste preferiscono, chiedendo di indicare anche con chi amano svolgere queste attività.

2 Ascoltate il dialogo una prima volta e invitate gli studenti a dire quali sono le attività che i protagonisti prediligono per il tempo libero.

Dopo averle evidenziate nel dialogo, riportate sulla lavagna le parole *cinema*, *film*, *attori* da una parte e *giocare a calcio* dall'altra. Suggerite quindi l'associazione tra i termini isolati alla lavagna e quelli associati alle immagini precedentemente analizzate (andare al cinema, a teatro - fare sport). Chiedete agli studenti di esprimere liberamente altre parole afferenti a questi due campi. Riascoltate il dialogo.

3 Chiedete agli studenti di riassumere brevemente, eventualmente nella propria lingua madre, il contenuto del dialogo.

Prima parte

A Dove andate di solito?

1 Leggete alla classe il titolo del dialogo di pagina 32 e fate osservare le vignette; chiedete di ipotizzare il contenuto dei fumetti e/o quello generale. Leggete poi le vignette e le proposte di completamento, quindi chiedete agli studenti di inserire, lavorando in coppia, le battu-

te mancanti. Ascoltate il dialogo e procedete alla correzione rileggendo il dialogo completato.
Soluzione: a. *Siete molto amici, vero?*; b. *E dove andate di solito?*; c. *Giulia e Dino vengono con te, no?*; d. *Anche a me piace il cinema*; e. *Sabato, perché no?*

2/3 Osservate l'immagine a pagina 33: di che cosa si tratta? (*la sala di un cinema o di un teatro*) Cosa fanno le persone? (*leggono, parlano tra loro, aspettano*).
Chiedete alle coppie di studenti di rileggere il dialogo assumendo le parti delle protagoniste e di individuare le affermazioni presenti indicandole con una crocetta.
Soluzione: *2, 3, 5*

4 Leggete le domande alla classe, riascoltate il dialogo e chiedete agli studenti a turno di fornire le risposte. (Risposte possibili: 1. *Piace andare al cinema*; 2. *Paolo di solito non va al cinema perché preferisce giocare a calcio*; 3. *A Giulia piace molto il cinema*; 4. *Le ragazze parlano del nuovo film con Orlando Bloom*)

5 Rileggete le frasi riportate in questa attività enfatizzando le parole evidenziate in blu; chiedete poi agli studenti di provare a spiegare nella loro lingua il significato delle espressioni in blu. Spiegate in italiano l'uso di queste espressioni esemplificando con frasi facilmente comprensibili e riconoscibili nel vostro contesto. Ad esempio, indicando una porta: "*È una porta, **vero**?*"; o "*A tutti piace Orlando Bloom; **Cioè**, a tutte le ragazze!*"; "*Paolo è uno sportivo; **per esempio**, gioca a calcio*". Ancora, dopo aver fatto una domanda semplice in modo da avere una risposta corretta, rispondete: "***Perfetto!***"; infine, magari fingendo di parlare al telefono: "*Stasera a mangiare una pizza? **Perché no?***". Se la classe lo consente, provate a chiedere agli studenti di formulare a loro volta qualche frase utilizzando le espressioni considerate.

6 Chiedete di completare individualmente il testo di questa attività con i verbi dati. Leggete alla classe il testo completo.
Soluzione: *andate, danno, viene, esce, fa*

7 Fate completare in coppia la tabella dei verbi a

pagina 34 utilizzando i verbi dati nell'attività A6. Copiate alla lavagna e leggete le coniugazioni complete.
Spiegate che si tratta di alcuni tra i verbi **irregolari** italiani di uso più frequente. Scrivete alla lavagna il presente indicativo di tre verbi regolari appartenenti alle tre coniugazioni (*-are, -ere, -ire*) e, di fianco, quella di uno dei verbi irregolari che avete appena preso in considerazione. Chiedete ora agli studenti di notare le differenze: si evidenzierà così che, a differenza del restante sistema verbale italiano, i verbi irregolari presentano notevole alternanza di **tema** nel corso della coniugazione.
Esempio:

I coniugazione (am-*are*)

Io am-o	Noi am-iamo
Tu am-i	Voi am-ate
Lui/Lei am-a	Loro am-ano

II coniugazione (legg-*ere*)

Io legg-o	Noi legg-iamo
Tu legg-i	Voi legg-ete
Lui/Lei legg-e	Loro legg-ono

III coniugazione (apr-*ire*)

Io apr-o	Noi apr-iamo
Tu apr-i	Voi apr-ite
Lui/Lei apr-e	Loro apr-ono

Verbo irregolare **andare**

Io vado	Noi **andiamo**
Tu vai	Voi **andate**
Lui/Lei va	Loro vanno

Verbo irregolare **venire**

Io vengo	Noi **veniamo**
Tu vieni	Voi **venite**
Lui/Lei viene	Loro vengono

8 Leggete alla classe le parole alla rinfusa dell'attività, chiedendo di ricomporle correttamente eliminando il verbo scorretto. Fate leggere a studenti che lo desiderino il prodotto finale e rileggete di volta in volta ciascuna frase corretta.
Soluzione: 1. *Io faccio sempre colazione*; 2. *Oggi io esco con Anna*; 3. *Da dove vengono Anna e Franca?*; 4. *Ragazzi, perché non andiamo in centro?*

B Vieni con noi?

1/2 Osservate le quattro immagini di pagina 35 e chiedete agli studenti di descriverle brevemente; se lo ritenete opportuno, aiutateli con alcune domande: Che cosa fanno i ragazzi delle prime due fotografie? (*parlano, giocano*). Che cosa rappresentano le altre due foto? (*un cinema, la copertina di un videogioco*). Perché queste quattro immagini sono insieme? (*perché rappresentano quattro modi diversi di trascorrere il tempo libero - in compagnia o da soli: uscire con gli amici, giocare a basket, andare al cinema, giocare con i videogiochi*).

Leggete e ascoltate i minidialoghi, poi rileggete le espressioni evidenziate in blu e chiedete agli studenti di utilizzarle per completare il testo dell'attività B2. Come correzione, leggete le frasi complete.

Scrivete alla lavagna i giorni della settimana e leggeteli una prima volta alla classe; chiedete poi una lettura "corale" da parte degli studenti. Spiegate agli studenti che la settimana italiana comincia il lunedì e finisce la domenica, giorno festivo.

Come **rinforzo**, scrivete i nomi dei giorni della settimana in disordine alla lavagna e chiedete agli studenti di aiutarvi a rimetterli in ordine; oppure potete riscrivere alla lavagna i giorni della settimana nel loro ordine ma lasciando qualche "buco" e chiedete agli studenti di completare.

Gioco a coppie con i giorni della settimana.
Consegnate a ciascuna coppia una fotocopia del foglio *Gioco con i giorni della settimana* a pagina 28 e chiedete loro di scrivere sopra ciascun giorno il nome del giorno precedente e sotto quello del giorno successivo. Vincerà la coppia che completerà correttamente il maggior numero di abbinamenti nel minor tempo (tempo massimo: 1 minuto).
Esempio:

lunedì
martedì
mercoledì

3 Role play

Utilizzando le indicazioni e le espressioni fornite, chiedete agli studenti di realizzare in coppia dei dialoghi assumendo a turno il ruolo A e il ruolo B.

Attività di rinforzo. Fornite a ciascuno studente una fotocopia della tabella a pagina 29 e chiedete loro di abbinare i vari elementi per formare cinque o sei frasi. Procedete alla lettura delle frasi per la correzione e trascrivete le frasi corrette alla lavagna chiedendo che vengano ricopiate dagli studenti sui propri quaderni.

4 Chiedete agli studenti di lavorare in coppia e di scoprire, in un tempo massimo di cinque minuti, le parole nascoste utilizzando le lettere date alla rinfusa nell'attività.

Alcune possibili parole (di quelle probabilmente note agli studenti):
1. *corsa, arco, case, cose, arso, cera, acre*
2. *presto, pasto, pesto, paste, festa, resta*
3. *aspetto, tesoro, presto, sotto, rosa, pastoso, pasto, estroso, testo, testa, pesto…*

Seconda parte

A Perché non venite a casa mia?

1 Chiedete a qualche studente di descrivere la vignetta in alto a destra, facilitando eventualmente il compito con qualche domanda mirata: dove sono i ragazzi? Che cosa stanno facendo? Riprendete le parole utilizzate nelle descrizioni e riformulate voi una descrizione breve e corretta.

Tempo libero

2 Proponete l'ascolto del dialogo e chiedete agli studenti di rispondere singolarmente alle domande. Procedete poi alla correzione, facendo leggere le risposte agli studenti. Riascoltate il dialogo e ripetete voi la correzione dell'attività, rileggendo domande e risposte. Risposte: 1. *Alessia invita tutti gli amici*; 2. *Possono ascoltare la musica, giocare al computer, mangiare insieme*; 3. *A Chiara piace leggere, ascoltare musica e ballare*; 4. *In via Petrarca 14*; 5. *Deve prendere il 24*

3 Osservate la seconda vignetta a pagina 37 e chiedete a qualche studente di descriverla. Proponete poi di completare il testo del dialogo durante un ulteriore riascolto (*domani, secondo, scendere*).

4/5 Chiedete agli studenti di lavorare a coppie e di formulare qualche domanda che possa avere come risposta le parole in blu lette nel dialogo. Procedete a un confronto con tutta la classe delle domande ipotizzate.

6 Gli studenti completeranno lo schema dei verbi servili; leggete la coniugazione completa dell'indicativo presente di *volere, potere, dovere*. Chiedete alla classe di osservare questi verbi e da cosa sono seguiti. Con il vostro aiuto, gli studenti dovrebbero essere in grado di notare che i verbi servili sono seguiti dall'infinito del verbo cui si accompagnano.

7 Chiedete agli studenti di rispondere alle domande coniugando correttamente i verbi proposti all'infinito.
Soluzione: 1. *Perché non può venire al cinema con noi*; 2. *Voglio andare in centro a fare spese*; 3. *Dobbiamo tornare alle sei*; 4. *Perché vuole prendere un voto alto*; 5. *Deve tornare a casa presto*
Come attività di **rinforzo** proponete alla classe un esercizio a catena seguendo l'esempio.
Esempio:
Insegnante: Vuoi andare al cinema?
Studente A: No, devo studiare.

Studente A: Puoi uscire con me?
Studente B: Sì, certo.

B Un appartamento al quarto piano

1 Osservate con la classe l'immagine dell'appartamento e chiedete agli studenti di eseguire in coppia l'attività proposta. Correggete insieme; chiedete se qualcuno conosce il nome di qualche oggetto rappresentato nell'immagine.
Soluzione: 3. *cucina*, 5. *bagno*, 4. *studio*, 2. *salotto*, 6. *camera da letto*, 1. *sala da pranzo*

2 Scrivete alla lavagna i numeri ordinali dal 1° al 12° e leggeteli con la classe ad alta voce. Spiegate brevemente la differenza tra i numeri cardinali, che indicano una quantità, e quelli ordinali che vengono utilizzati per indicare un ordine, una successione. Per favorire l'apprendimento attraverso la visualizzazione, scrivete alla lavagna in tre colonne parallele i numeri cardinali (da 1 a 12), i corrispondenti ordinali e, se lo ritenete opportuno per la vostra classe, i numeri romani scritti in maiuscolo come si usa in Italia. Avviate alla lavagna un esercizio di ripasso dei giorni della settimana (vedi pagina 35 del libro) che utilizzi i numeri ordinali (dal 1° al 7°) e chiedete agli studenti di completarlo. Esercizio: Lunedì è il primo giorno della settimana; martedì è…

3 Chiedete agli studenti in coppia di scambiarsi informazioni relative alle proprie abitazioni seguendo la traccia fornita dalle domande di questa attività. Come **rinforzo**, chiedete ai singoli componenti della coppia di riferire alla classe quanto hanno appreso dai rispettivi compagni.

C Che fai nel tempo libero?

1 Osservate le immagini e chiedete a qualche studente volontario di spiegare a cosa si riferiscono. Chiedete poi agli studenti se hanno un hobby particolare e discutetene brevemente con tutta la classe. Ascoltate le interviste e chiedete di indicare quali attività, tra quelle rappresentate nelle immagini, svolgono i ragazzi intervistati (*danza, calcio, suonare la fisarmonica, basket*).

2 Riascoltando le interviste, chiedete agli studenti di individuare le informazioni presenti e segnalarle sul testo.
Soluzione: *2, 3, 4*

3 Fate discutere a coppie gli studenti seguendo liberamente le tracce fornite in questa attività. Nel frattempo, scrivete alla lavagna una tabella come la seguente, indicando la corrispondenza tra le forme del pronome dativo.

a me piace	**mi** piace
a lui piace	**gli** piace
a lei piace	**le** piace

Chiedete alla classe di osservare e prendere nota. Successivamente fate riferire ai singoli studenti quanto hanno saputo nella conversazione con i rispettivi compagni. Proponete agli studenti di scrivere un'e-mail, utilizzando le espressioni apprese nel corso di questa unità, sul modo in cui trascorrono il proprio tempo libero. È importante una restituzione individuale dei testi scritti, la cui produzione potrebbe essere eseguita anche a casa.

4 Fate osservare alcune frasi di questa unità nelle quali sia possibile isolare le preposizioni *in*, *a*, *da*; leggete le frasi proposte in questa attività e chiedete di completare quelle incomplete utilizzando opportunamente le preposizioni *in* e *a*. Ripetete di volta in volta la frase completata correttamente.
Soluzione: *in, da, in*

5 Chiedete agli studenti di rispondere alle domande proposte secondo il modello.
Soluzione: 1. *No, vado a scuola in autobus*; 2. *Domandi dobbiamo andare in centro*; 3. *Lucio viene da Palermo*; 4. *Franco va da Pietro*
Come **rinforzo**, potete proporre questo gioco a squadre. Fotocopiate la pagina 30, ritagliate lungo i bordi e incollate dove segnalato per realizzare due dadi: uno con i verbi all'infinito + preposizioni e uno con le persone alle quali coniugare i verbi. Dividete la classe in piccoli gruppi e spiegate lo scopo del gioco: realizzare una domanda utilizzando la preposizione e

il verbo (primo dado) coniugato alla persona indicata dal secondo dado.
Esempio: I dado: 1, *andare + in*
II dado: 5, *voi*
Frase possibile: *Andate in* città?

 Che ora è? / Che ore sono?

1 Fate osservare e completare la tabella. Ricopiatela alla lavagna e ripetete le decine da 30 a 100.
Scrivete poi qualche cifra a caso e chiedete agli studenti di individuarla a turno. Se lo ritenete opportuno, potete anche proporre qualche semplice operazione matematica (addizioni o sottrazioni) e farla risolvere in italiano dagli studenti, che così avranno l'opportunità di conoscere le forme "più" e "meno".

2 Osservate con la classe i quadranti; disegnate alla lavagna un quadrante e "spostate" di volta in volta le lancette secondo quanto indicato nel riquadro verde. Chiedete agli studenti di copiare sul quaderno. Disegnate un ulteriore quadrante sul quale riporterete l'ora in cui si svolge questa lezione.

3 Fate completare i quadranti raffigurati nel testo secondo le indicazioni date.

4 Osservate le vignette con la classe e chiedete di indicare sommariamente le situazioni cui si riferiscono (*due persone in strada, due colleghi in ufficio, due amici in palestra, due persone davanti a un negozio*). Chiedete agli studenti a turno di formulare e rispondere alle domande sull'ora come nell'esempio.

Attività di rinforzo. Chiedete agli studenti di lavorare in coppia e descrivere brevemente la propria giornata tipo scandendola nei suoi orari. Se l'attività dovesse risultare troppo complessa, fornite loro delle domande come traccia: *A che ora esci per andare a scuola?; A che ora inizia la scuola?; A che ora fai l'intervallo?; A che ora torni a casa?; A che ora vai a dormire?*

Conosciamo l'ITALIA

1 Osservate con la classe le immagini e chiedete di abbinarle ai nomi indicati.
Soluzione partendo dalla prima immagine in alto a sinistra *2, 4, 7, 5, 6, 3, 1*

2 Chiedete agli studenti di discutere in coppia e di completare la tabella secondo il proprio punto di vista. Potete poi discutere i risultati e indicare alla lavagna quale dei mezzi di trasporto citati viene considerato dalla maggior parte degli studenti il più/meno veloce, il più/meno ecologico. Avviate anche una breve discussione chiedendo alla classe di esprimersi sui mezzi di trasporto maggiormente utilizzati nella loro città.

3 Visitate il sito di Edilingua o proponete agli studenti di svolgere autonomamente le attività online per approfondire l'argomento.

Il tempo libero dei ragazzi italiani

Guidate l'osservazione delle immagini e leggete i testi abbinati. Scegliete tre passatempi che riscuotono maggior successo in classe e scrivetene il nome come titolo di tre colonne sulla parte alta della lavagna. Chiedete poi agli studenti di inserire liberamente nelle singole colonne gli elementi che a loro piacciono di più tra quelli relativi ai singoli ambiti osservati.

Esempio:

SPORT	INCONTRARE GLI AMICI	MUSICA
Giocare a calcio	A casa	Italiana
Giocare a tennis	A scuola	Laura Pausini
Fare danza	Il sabato sera	Classica
Fare nuoto	eccetera…	eccetera…
eccetera…		

Su un'altra zona della lavagna richiamate gli elementi grammaticali osservati a pagina 39 del testo (**a me piace/mi piace**) chiedete agli studenti di esprimere a turno le proprie preferenze esercitando la formula appena richiamata.

1 Visitate il sito di Edilingua o proponete agli studenti di farlo autonomamente per approfondire l'argomento svolgendo le attività online.

2 Progettiamo!

Chiedete agli studenti di lavorare in piccoli gruppi per raccogliere informazioni sui passatempi preferiti dai ragazzi della scuola (attività che possono svolgere durante l'intervallo e/o all'ingresso/uscita da scuola). Date poi loro l'opportunità di lavorare in classe confrontando i dati e formulando una tabella riassuntiva simile a quella del testo.

Come conclusione del lavoro, chiedete agli studenti di elaborare individualmente un testo scritto (circa 60 parole) che riporti in modo discorsivo i risultati emersi.

Gioco con i giorni della settimana

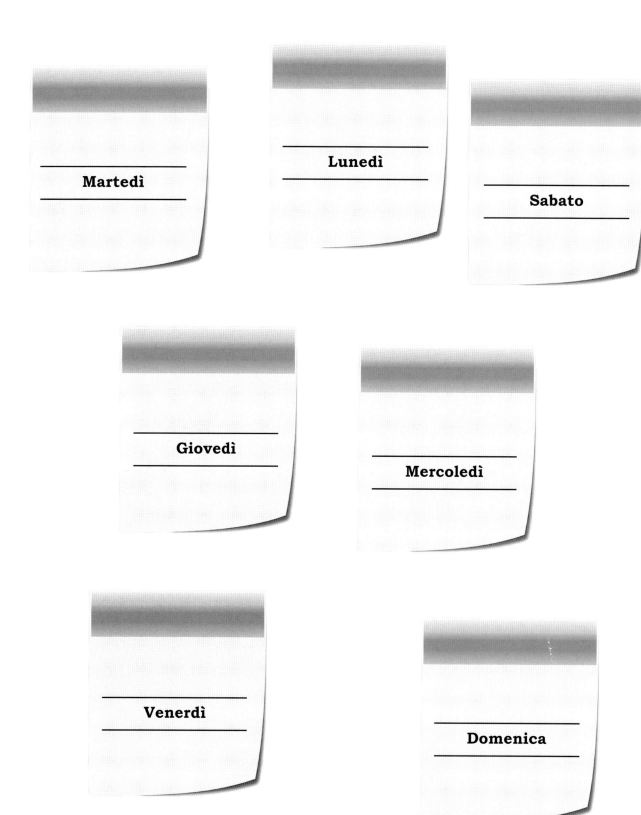

Prima parte, B3

Tabella 1

Abbina le espressioni delle tre colonne in modo da formare cinque o sei frasi possibili.

Vieni		domani?
	al cinema	
Che ne dici di andare		lunedì?
	usciamo insieme	
Vuoi venire		oggi?
	a mangiare un panino	
Andiamo		sabato sera?
	con me a teatro	
Perché non		domenica?
	allo stadio	

Verbi all'infinito + preposizioni, corrispondenti al primo dado

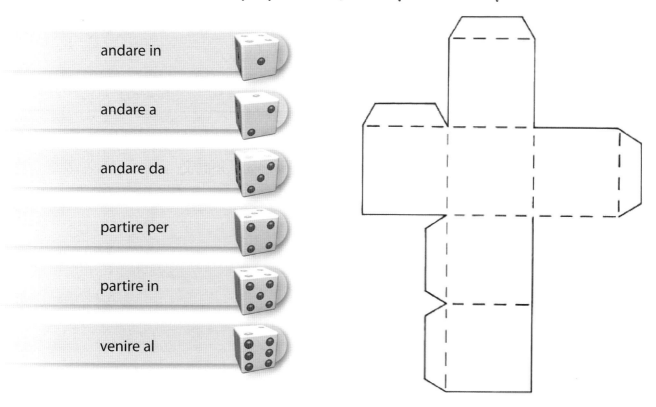

andare in

andare a

andare da

partire per

partire in

venire al

Persone, alle quali coniugare i Verbi, corrispondenti al secondo dado

Io

Tu

Lui/Lei

Noi

Voi

Loro

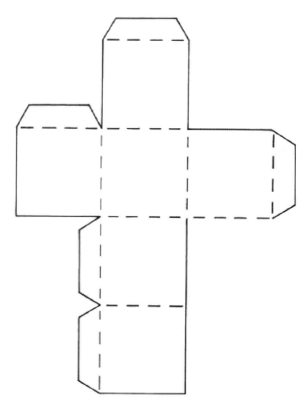

In contatto

Elementi comunicativi e lessicali

- Chiedere/dare informazioni sugli orari
- Esprimere dubbi e incertezze
- Localizzare gli oggetti nello spazio
- Esprimere un possesso
- Ringraziare/rispondere a un ringraziamento

Elementi grammaticali

- Le preposizioni articolate
- Il partitivo
- Pronomi e aggettivi possessivi (prima parte)
- *C'è/Ci sono*

Civiltà

- Come comunicano i giovani

Materiale necessario

- Prima parte, **A8**: fotocopie in numero sufficiente perché ciascuna squadra peschi un elemento quattro volte; ritagliate le caselle seguendo i bordi; mettete i bigliettini in due contenitori separati, uno per le preposizioni e uno per gli articoli.
- Prima parte, **B2**: un orologio da parete con le lancette e un dado a 12 facce

Per cominciare...

1/3 Leggete il titolo dell'unità e chiedete a qualche studente di provare a spiegarne il significato; avviate una breve discussione chiedendo ai vostri studenti di indicare quale modo prediligano per mettersi e restare "in contatto" con gli altri. Osservate l'immagine a pagina 45 e fate illustrare brevemente i contenuti: a cosa si riferiscono le icone raffigurate? Chiedete poi agli studenti di lavorare in coppia seguendo come traccia le domande. Fate riferire alla classe liberamente quanto emerso dalle discussioni in coppia.

4/5 Ascoltate una prima volta il dialogo e chiedete a qualcuno dei vostri studenti di riferire, a turno, ciò che è riuscito a cogliere. Procedete a un riascolto e chiedete agli studenti di indicare se le affermazioni trascritte sono vere o false.
Soluzioni: 1. *V*, 2. *F*, 3. *V*, 4. *V*, 5. *F*, 6. *F*

Prima parte

A   Alle 10.30 del mattino?!

1 Leggete il fumetto e contestualmente procedete alla correzione dell'attività precedente.

2/3 Formate dei gruppi di tre studenti e fate leggere il dialogo impersonando a turno Paolo, Dino e Chiara. Chiedete ai gruppetti di lavorare sulle domande dell'attività A3 e ascoltate

con tutta la classe le risposte formulate.
Soluzione: 1. *Paolo ha appuntamento con Dino. Devono andare da Alessia*; 2. *Paolo pensa di trovare Dino all'Internet point*; 3. *Perché sono le 10.30 del mattino*; 4. *Dino gioca con un video-game*

4 Osservate con la classe i testi dei messaggi e chiedete agli studenti, in coppia, di riordinarli secondo una sequenza logico/temporale. Leggete i messaggi nella sequenza corretta.
Soluzione: *Domani vieni da Ale? – Sì, a che ora? – Alle 10.30 – Ci vediamo un po' prima? – Ok. Alle 10.20 sotto casa sua*

5 Agli studenti, sempre il coppia, chiedete di avanzare ipotesi sul significato delle espressioni in blu nella propria lingua d'origine. Chiedete poi di provare a usare una delle espressioni evidenziate per costruire una frase in italiano. Procedete all'ascolto delle proposte che emergeranno.

6 Rileggete i fumetti di pagina 46 e portate all'attenzione degli studenti la preposizione articolata *alle*, evidenziata in blu. Prima di fornire una spiegazione di questo fenomeno linguistico, chiedete agli studenti di ipotizzare da soli delle proposte relative alla formazione di questa parola. Procedete quindi a una breve spiegazione sulle preposizioni articolate e chiedete agli studenti, in coppia, di rintracciare le altre presenti nel testo e di ipotizzarne ancora gli elementi costitutivi.
Soluzione: *alle = a + le; al = a + il; all' = a + l'*
Dopo aver svolto questa attività chiedete alla classe di soffermare la loro attenzione sull'immagine in basso di pagina 47: *"Dove siamo?"*; *"Che cosa stanno facendo i ragazzi raffigurati?"*. Avviate poi una breve discussione con gli studenti chiedendo di esprimere le proprie opinioni sugli Internet point e raccontare la propria personale esperienza a riguardo.

7 Fate completare la tabella e procedete a una lettura della tabella completa per la correzione.
Soluzione: *a + le = **alle**; in + la = **nella**; di + il = **del**; da + lo = **dallo**; su + il = **sul***

8 Descrivete con i vostri studenti le immagini di pagina 48. Proponete loro di elaborare le frasi con gli elementi dati e seguendo il modello.
Soluzioni: 1. *dall'Olanda*, 2. *nel cassetto*, 3. *dei ragazzi*, 4. *sul tavolo*, 5. *una volta al mese*, 6. *nella borsa*

Gioco: *La pesca delle preposizioni*. Preparate il gioco fotocopiando per un numero necessario di volte la tabella a pagina 37 con gli articoli e le preposizioni e ritagliate ciascun riquadro in modo da formare due mucchietti (uno per le preposizioni e uno per gli articoli) poi inseriteli, sempre separatamente, in due scatolette. Dividete gli studenti in squadre di tre/quattro componenti e chiedete al caposquadra di pescare quattro volte da entrambi i sacchetti (sinceratevi che non peschi la stessa preposizione due volte). Le squadre avranno così gli elementi con i quali costruire delle preposizioni articolate da utilizzare nella formulazione di brevi frasi di senso compiuto. Vince la squadra che avrà formulato il maggior numero di frasi corrette nel tempo massimo da voi stabilito (a seconda del livello, dai cinque ai dieci minuti).

B A che ora?

1 Fate osservare le fotografie in alto a destra e chiedete agli studenti di ipotizzare tre minidialoghi con queste ambientazioni; successivamente chiedete agli studenti di ascoltare i minidialoghi abbinandoli alle immagini corrispondenti. Riprendete le soluzioni ipotizzate dagli studenti: c'è molta differenza con quello che hanno poi ascoltato?

2 Role play
Gli studenti in coppia assumono a turno i ruoli di A e B e formulano/rispondono alle domande. Potete proporre alla classe un **gioco** molto semplice da fare insieme, utilizzando un dado a 12 facce e un vecchio orologio da parete (di quelli con le lancette, meglio se non funzionante: nelle scuole se ne trovano sempre!): disponete i vostri studenti in cerchio e fate lanciare a turno a ciascuno di loro il dado per due volte: riportate il risultato del primo lancio sull'orologio per indicare le ore e quello del secondo per i minuti. Chiedete a ogni studen-

te di dire l'orario risultante in tutti i modi possibili, interpretandolo sia come antimeridiano che pomeridiano.

3 Fate osservare i cartelli degli orari e chiedete agli studenti di indicare gli orari di questi negozi/servizi in Italia. Chiedete anche agli studenti di descrivere brevemente il tipo di attività che si svolge in questi luoghi, rispondendo eventualmente a vostre domande mirate:
Esempio:
a) Vai in biblioteca? Che cosa fai in biblioteca? C'è una biblioteca vicino alla tua scuola? Quali sono gli orari della tua biblioteca?
b) Hai un negozio di abbigliamento preferito? Quali sono gli orari di apertura dei negozi di abbigliamento della tua città? In quali giorni i negozi di abbigliamento della tua città sono chiusi?
c) Frequenti Internet point? Che cosa fai? A che ora vai all'Internet point? Con chi?
d) Quali oggetti compri in libreria? Ti piace leggere? C'è una libreria vicino a casa tua/ alla tua scuola?

4 Osservate la tabella e fate osservare la differenza tra le preposizioni semplici e quelle articolate corrispondenti. Come rinforzo, chiedete agli studenti di "costruire" altre preposizioni ar-

ticolate, per esempio volgendo al plurale i nomi al singolare (esempio: *nell'ufficio/negli uffici*).

C Mah, non so...

1 Osservate l'immagine accanto al dialogo e chiedete agli studenti di descriverla. Chiedete poi di riordinare le battute del dialogo lavorando in coppia. Leggete le battute nella sequenza corretta, enfatizzando le espressioni di dubbio.
Soluzione: 1, 5, 7, 3, 4, 6, 2, 8

2 Chiedete agli studenti di rileggere il dialogo sottolineando le espressioni che esprimono dubbio.
Soluzione: non sono sicuro; penso; mah, non so; forse; probabilmente

3 Con l'aiuto dei vostri studenti, descrivete le immagini di questa attività; chiedete poi a qualche studente di riutilizzare alcune delle espressioni ricavate dall'attività C2 per rispondere alle domande dell'attività C3 e di leggere ad alta voce le proprie proposte.

Seconda parte

A Dov'è?

1 Fate osservare la vignetta e chiedete agli studenti di descrivere, lavorando in coppie, le attività dei vari ragazzi e di provare a parlare anche dell'ambiente in cui si trovano. Chiedete a qualche studente di ripetere individualmente la descrizione elaborata in coppia.

2 Proponete ora l'ascolto del dialogo e chiedete a ogni studente di completarne il testo inse-

rendo opportunamente le preposizioni improprie indicate all'inizio dell'attività.
Soluzione: accanto, sotto, davanti, dietro
Attirate l'attenzione degli studenti sul partitivo evidenziato in giallo; chiedete loro di individuare una costruzione simile nel dialogo (*c'è della torta = c'è un po' di torta*). Spiegate brevemente che il partitivo indica la parte di un tutto. Chiedete ora agli studenti di cimentarsi con il partitivo usando altri nomi come nell'esempio e chiedete agli studenti di provare a

formulare altre espressioni simili con termini a loro già noti.
Esempio:

	pane pizza pasta latte acqua vino	=	C'è **del** pane
C'è **un po' di**			

3 Osservate con la classe le immagini e descrivetele brevemente, facendovi aiutare dai vostri studenti. Chiedete di completare in coppia l'attività, abbinando le immagini alle corrispondenti didascalie.
Soluzioni: 1 a, 2 g, 3 c, 4 e, 5 b, 6 h, 7 i, 8 f, 9 d
Iniziate a far osservare la differenza tra *c'è* e *ci sono*: **c'è** *una pianta* ma **ci sono** *i vestiti*.

4 A questo punto chiedete agli studenti di completare l'esercizio inserendo opportunamente *c'è/ci sono*. Leggete le soluzioni corrette alla classe.
Soluzione: *c'è, ci sono, c'è, c'è*

5 Chiedete di lavorare in coppia per descrivere le due immagini della stanza trovando il maggior numero possibile di differenze. Soluzione: *Nell'immagine A lo zaino è sulla sedia, nella B è sul letto; in A il computer è sulla scrivania, in B ci sono dei libri e il computer non c'è; in A sulla scrivania c'è un libro, in B ci sono dei cd; in A il cellulare è sulla scrivania, in B è sul letto; in A c'è un televisore alla parete, in B non c'è il televisore, ma ci sono due poster*

Come **rinforzo**, proponete un gioco a coppie e chiedete di descrivere gli oggetti presenti nella classe o, in alternativa, quelli contenuti negli zaini, utilizzando la formula *c'è/ci sono* e scrivendo alla lavagna, se lo ritenete opportuno, il lessico utile. Verificate e contate le espressioni corrette di ciascuna coppia.

B Di chi è?

1/2 Osservate il disegno con la classe e ripetete

due o tre volte domanda e risposta, usando i nomi di alcuni dei vostri alunni. Chiedete poi a ciascuno studente di completare la tabella inserendo l'aggettivo possessivo mancante (sua). Avviate un *esercizio a catena*, come nell'esempio; potrete esercitare anche un po' di lessico relativo alla scuola aiutandovi di nuovo con gli oggetti presenti in classe:
Esempio:
Insegnante: *Di chi sono queste matite? Sono tue, Laura?*
Laura: *No, non sono mie, sono sue (indicando Alice, la compagna alla sua destra).*
Alice: *Di chi è questo quaderno? È tuo, Marco (il compagno alla sua destra)?*
Marco: *Sì, è mio. Di chi è questo zaino? È tuo, Camilla? …*
Dopo l'esercizio a catena, chiedete agli studenti di completare individualmente le frasi proposte e leggetele alla classe per la correzione.
Soluzione: 1. *mio*, 2. *tuo*, 3. *sua*, 4. *tua, mia*

3 Proponete agli studenti di osservare le immagini e di costruire le frasi utilizzando gli elementi forniti.
Soluzione: *Il mio regalo è bello – Il tuo televisore è grande – La mia bicicletta è nuova – La sua scrivania è vecchia – Il tuo cellulare è molto piccolo – La sua ragazza è italiana*

C Grazie!

1 Osservate le immagini e chiedete a uno/più studenti di descriverle brevemente. Procedete poi all'ascolto dei minidialoghi e chiedete di completarne i testi.
Soluzione: a. *Grazie*, b. *Di niente*, c. *Figurati*

2 Leggete i minidialoghi incompleti e fateli completare individualmente.
Come rinforzo, ipotizzate altre situazioni e chiedete agli studenti, in coppia, di elaborare dei minidialoghi simili a quelli dati; fateli leggere poi a tutta la classe. Situazioni possibili: in coda al cinema, in biblioteca, in classe all'ultima ora, sull'autobus…

Abilità e vocabolario

1 Presentate l'attività leggendo le domande che verranno poste nell'intervista (in grassetto sulla parte superiore della griglia). Procedete all'ascolto dell'intervista due o tre volte e chiedete agli studenti di completare individualmente la griglia. Chiedete a qualche studente di riferire alla classe il contenuto delle quattro interviste (una a scelta per ciascuno studente. Esempio: la prima ragazza passa tre/quattro ore al giorno in Internet e usa Internet per navigare, chattare, scrivere…).
Soluzione: 2. (ragazzo): *ho una mia pagina web*; 3. (ragazza): *Youtube, Facebook, Messenger*, 3. (ragazza) *sì, soprattutto per bambini e ragazzi*; 4. (ragazza): *poco*, 4. (ragazza): *ricerche e soprattutto per stare in chat*
Come **rinforzo**, formate coppie di studenti e utilizzate le domande di questa attività per far loro realizzare un'intervista "reciproca"; chiedete di riferire alla classe i risultati delle varie coppie esprimendoli alla prima persona plurale. Esempio: Io e Alice passiamo in internet 2-3 ore al giorno. Usiamo internet per studiare e per leggere le principali notizie del giorno…

2 Fate osservare la foto in basso a sinistra e fate alcune domande: *"Che cosa sta facendo la ragazza nella fotografia?"*, *"Con chi sta parlando, secondo voi?"*, *"Cosa sta dicendo?"*. Sollecitate e ascoltate le interpretazioni degli studenti.
Chiedete poi agli studenti di discutere tra loro usando come traccia le domande al punto D2. Fate comporre un testo secondo la traccia data. Procedete a una correzione individuale di tutti i testi e a una restituzione personale.

Conosciamo l'ITALIA

Ragazzi in contatto

1 Leggete le domande del test e chiedete ai vostri studenti di rispondere, magari proponendole anche in famiglia. Una volta completato, leggete i descrittori dei risultati e, se necessario, spiegate qualche espressione particolare (*non fa per te* e *supertecnologico*, ad esempio).

2 Osservate le immagini e chiedete a qualche studente di descriverle brevemente. Leggete il testo una volta alla classe e chiedete agli studenti di rileggerlo individualmente e di rispondere alle domande. Fate poi con i vostri studenti una breve indagine che individui il numero di coloro che hanno un telefonino, a quale età l'hanno avuto, ogni quanto lo cambiano e perché. Raccogliete le risposte in una tabella, eventualmente da riportare su un cartellone che potrete appendere in aula.
Se lo ritenete, approfondite l'indagine considerando separatamente gli studenti e le studentesse.

Numero di studenti =	Il primo, a che età?	Ogni quanto lo cambi?	Perché?
	10-11 anni =	Mai =	
Età degli studenti =	12-13 anni =		
	13-14 anni =	Ogni anno =	
Numero di telefonini =	15-16 anni =	Ogni due anni =	

Chiedete a ciascuno studente di prendere nota individualmente dei risultati e di scrivere un testo sul "telefonino in classe" utilizzando i dati raccolti insieme.

3 Osservate con la classe alcune delle abbreviazioni utilizzate soprattutto dai ragazzi italiani per comunicare tramite sms. Chiedete agli studenti di abbinare le abbreviazioni ai loro significati.
Soluzione: 1. *perché*, 2. *ci sei?*, 3. *grazie*, 4. *qualcosa*, 5. *mi dispiace*, 6. *comunque*, 7. *per favore*
Se gli studenti si dimostrano interessati, potete presentarne altre tra quelle più comuni utilizzate dai ragazzi nei loro sms:
+ O – = *più o meno*; cs? = *cosa?* ; cpt = *capito*; dv = *dove*; qnd = *quando*; msg = *messaggio*; nn = *non*; 6ok = *sei ok*; 6uva = *sei un vero amico/una vera amica*; tvb = *ti voglio bene*; tvtb = *ti voglio tanto bene*

4 Lavorando in coppie, chiedete agli studenti di attribuire un valore alle proposte presenti in tabella. Fate riferire alla classe i risultati di ciascuna tabella.

5 Visitate il sito di Edilingua o proponete agli studenti di farlo autonomamente per approfondire l'argomento svolgendo le attività online.

Progettiamo!

Proponete ai vostri studenti di procedere con una ricerca a scelta tra le proposte A e B. Chiedete loro di intervistare coetanei seguendo le domande indicate e di compilare una statistica che verrà poi riferita alla classe. Chiedete anche di fare un confronto con le abitudini dei ragazzi italiani.

Autovalutazione

Proponete ai vostri studenti di procedere all'autovalutazione (unità 2 e 3) chiedendo loro di confrontare poi le soluzioni con quelle date dal libro.

Prima parte, A8

La pesca delle preposizioni

di	a	da
in	con	su
per	tra	fra
il	lo	la
i	gli	le

Una festa

Elementi comunicativi e lessicali

- Raccontare un avvenimento accaduto nel passato
- Utilizzare le espressioni di tempo più comuni
- Le date
- I mesi
- Le stagioni dell'anno

Elementi grammaticali

- Il passato prossimo
- Gli avverbi di tempo con il passato prossimo

Civiltà

- Compleanni, onomastici e feste comuni e diffuse in Italia

Materiale necessario

- Prima parte, **C6**: fotocopie della tabella a pagina 44; da ritagliare le caselle lungo i bordi. Ricaverete così dei cartellini con gli infiniti dei verbi trattati nell'attività C6 (variante più semplice, Scheda 3 a pagina 46: cartellini contenenti i participi passati dei verbi trattati nell'attività C6).

- Conosciamo l'Italia – *Auguri!*: una fotocopia a ogni studente della tabella a pagina 47.

Per cominciare...

Brainstorming: chiedete ai vostri studenti di esprimersi liberamente su ciò che associano alla parola "festa". Se lo ritenete opportuno, aiutateli con delle domande poste oralmente (come per esempio: *Che cosa festeggiate?*, *Come festeggiate gli amici?*, *Fate feste in famiglia?*, *Quando?*); oppure utilizzate lo spazio della lavagna per visualizzare alcuni campi rispetto ai quali è possibile parlare di festa e sollecitate delle risposte: *come?*, *con chi?*, *quando?*, *dove?* eccetera. Scrivete i risultati emersi alla lavagna.

1/2 Osservate con la classe le immagini e chiedete quale regalo ciascuno studente preferirebbe per il compleanno di un'amica. Chiedete alla classe di indicare altri oggetti che potrebbero fungere da regalo per amici/amiche. Avviate inoltre una breve discussione nella quale gli studenti, riprendendo le parole emerse precedentemente, si scambino idee sui loro modi di festeggiare il compleanno. Se lo ritenete, potete aiutare/guidare la discussione scrivendo alla lavagna alcune tra le modalità di festeggiamento più diffuse tra gli italiani e chiedendo agli studenti di indicare la propria. Sarà così possibile anche formulare una classifica, eventualmente considerando separatamente le abitudini di ragazze/ragazzi.

Torta   Candeline   Regali

Come?

Come si festeggia il compleanno in Italia	Ragazze	Ragazzi
Festa in casa con gli amici e i parenti		
Festa in un locale		
Festa in discoteca (dai 14-15 anni in su)		
Pranzo/cena al ristorante		
In pizzeria con gli amici		
A scuola con torta e bibite per i compagni		

3 Osservate i disegni del dialogo a pagina 60 senza leggere le battute e chiedete agli studenti di ipotizzare la descrizione della festa di Giulia.

Proponete ora l'ascolto del dialogo e chiedete agli studenti di scegliere le opzioni corrette tra quelle proposte. Soluzione: 1. *a*, 2. *c*

Prima parte

A Com'è andata la festa?

1 Chiedete agli studenti di lavorare in coppia e di cercare di ricordare con una certa precisione il contenuto del dialogo per completare il testo lacunoso con le opportune parti mancanti (*compleanno, ballato, tutti, mistero, alle*). Procedete a un riascolto del dialogo per la verifica.

2 Entrambi gli studenti della coppia assumono alternativamente il ruolo di Chiara e di sua madre e leggono le rispettive battute del dialogo.

3 Individualmente gli studenti rispondono alle domande; fate leggere ad alcuni studenti le risposte per la correzione.
Soluzione: 1. *Per il suo compleanno*; 2. *Hanno mangiato e ballato*; 3. *Il fatto negativo è che Paolo non è andato alla festa*; 4. *Perché Paolo è "sparito" e non ha risposto alle telefonate dei suoi amici*; 5. Risposta libera

4 In coppia gli studenti completano il testo con le parti del dialogo evidenziate in blu.

Soluzione: 1. *Non lo so*, 2. *un sacco di*, 3. *Mah*, 4. *Allora*, 5. *Hai ragione*
Come **rinforzo** chiedete agli studenti di lavorare ancora in coppia e di formulare altre 5 domande alle quali dovranno rispondere utilizzando le espressioni appena considerate.

5 Fate completare il testo di Giulia con le parole date. Osservate con la classe che un messaggio di posta elettronica si apre generalmente con una formula di saluto o di cortesia, informale o formale a seconda del destinatario. Tra amici solitamente si usa un linguaggio semplice e immediato. Il testo si conclude con i saluti e la firma; eventualmente, come a pagina 61, si chiude la mail con un'aggiunta simpatica, affidata a un *post scriptum*.
Soluzione: *festeggiato, mangiato,* venuti, *telefonato, sparito*

6 Osservate con la classe le frasi contenenti il passato prossimo e chiedete agli studenti in coppie di ipotizzare la formazione di questo tempo. Fate poi osservare la tabella e, aiutandovi con la lavagna, spiegate che si tratta di una forma costruita con il presente dei verbi *essere/avere* e il participio passato del verbo considerato. Spiegate anche che si tratta di un tempo verbale utilizzato per parlare di eventi accaduti in un passato vicino, i cui effetti possono evidenziarsi ancora nel presente. Indicate inoltre come si forma il participio passato dei verbi regolari delle tre coniugazioni (anticipando però che, soprattutto per la seconda coniugazione, la variabilità e le irregolarità nella formazione di questo modo sono tantissime) e scrivetelo alla lavagna:

I coniugazione, *-are* → participio passato = *-ato*
II coniugazione, *-ere* → participio passato = *-uto*
III coniugazione, *-ire* → participio passato = *-ito*

7 Osservate con la classe la tabella e leggetela una volta insieme. Chiedete poi agli studenti di formulare oralmente le frasi secondo l'esempio e utilizzando le indicazioni date.
Soluzioni: 1. *hai pulito*, 2. *hanno studiato*, 3. *hai finito*, 4. *hai comprato*, 5. *avete ricevuto*

8 Osservate con la classe la tabella (verbo *essere* + participio passato) e chiedete poi di costruire oralmente delle frasi utilizzando gli elementi dati. Fate osservare che nella costruzione del passato prossimo con ausiliare *essere*, il participio passato concorda in genere e numero con il soggetto, per cui si dirà: "**Laura** *è già uscita*", ma "**Chiara e Giulia** *sono già uscite*"; "**Pietro** *è già uscito*", ma "**Paolo e Dino** *sono già usciti*".
Soluzione: 1. *siamo andati*, 2. *non è uscita*, 3. *è caduta*, 4. *è tornata*, 5. *sono arrivato/a*
Osservate le immagini a pagina 62 e chiedete agli studenti di formulare individualmente una domanda inerente ai contenuti di ciascuna fotografia, utilizzando il passato prossimo.
Esempio: *Hai pulito la cucina?*

B Cosa hai fatto?

1 Role play

In questa attività a coppie, ciascuno studente assume a turno il ruolo di un amico di Giulia, che le chiede dei preparativi della sua festa, e di Giulia, che risponde seguendo la lista data. Successivamente chiedete agli studenti di rispondere a turno alle domande del compagno

riferendo cosa hanno fatto durante l'ultima settimana utilizzando il participio passato.

2 Fate osservare il diverso utilizzo dei verbi *essere* e *avere* attuato nella prima parte dell'attività precedente, e chiedete ai vostri studenti di ipotizzare le motivazioni delle differenti scelte. Procedete quindi ad evidenziare le differenze illustrando la tabella. Alla fine, come rinforzo, osservate nuovamente le scelte effettuate nel role-play e chiedete di spiegarne il perché alla luce di quanto appena appreso.

C Che è successo?

1/2 Osservate con la classe le vignette dell'attività C2 e chiedete ai vostri studenti di ipotizzare cosa sia successo a Paolo il giorno della festa. Procedete all'ascolto del dialogo tra Paolo e Dino e verificate le ipotesi; contestualmente, chiedete di riordinare cronologicamente le vignette.
Soluzione da sinistra a destra, dall'alto in basso: *2, 3, 1, 4*

3/4 Procedete a un riascolto del dialogo e chiedete di sottolineare nella tabella le espressioni temporali riconosciute. Chiedete a qualche studente di raccontare, servendosi delle vignette e delle espressioni della tabella, quello che è successo a Paolo il pomeriggio della festa di Giulia.
Soluzioni: *allora, all'inizio, poi, alla fine, dopo, ma, però*
Come **rinforzo**, proponete un esercizio a catena facendo fare il racconto di ipotetici avvenimenti di una giornata attraverso l'uso delle espressioni appena viste e del passato prossimo.
Esempio:
Insegnante: Lunedì pomeriggio *per prima cosa* ho fatto i compiti.
Studente A: *Poi* ho telefonato ad Alice.
Studente B: *Più tardi* sono uscita con Laura.
Studente C: *Però* sono tornata tardi.
Studente D: *Così* ho litigato con mia madre.
Studente E: *Alla fine* non ho mangiato…

5 Osservate con la classe che nel dialogo letto ci sono molti participi *irregolari*, la cui formazio-

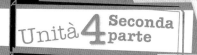

ne non segue cioè norme precise e replicabili. Chiedete agli studenti di provare a risalire dal participio all'infinito del verbo considerato. Scrivete poi alla lavagna uno schema riassuntivo:

PARTICIPIO PASSATO	INFINITO
visto	vedere
perso	perdere
preso	prendere
venuto	venire

6 Chiedete agli studenti di risolvere in coppia l'attività di abbinamento proposta nel minor tempo possibile. Spiegate che si tratta di un gruppo di participi passati irregolari di verbi di uso frequente in italiano.
Se lo ritenete realizzabile, proponete un **gioco** come attività di **rinforzo**. Dividete la classe in tre squadre e chiedete ai membri di ciascuna squadra di pescare a turno, da un mazzetto di cartoncini che avrete predisposto in precedenza ritagliando lungo i bordi la tabella data a pagina 44 (scheda 1), l'infinito dei verbi trattati nell'attività (sette infiniti per ogni squadra). Lasciate un po' di tempo per risalire dall'infinito al participio passato e, nel frattempo, scrivete i 21 infiniti alla lavagna, come nel-

l'esempio dato di seguito.
Esempio:

INFINITO	PARTICIPIO PASSATO
VEDERE	...
SUCCEDERE	...

A questo punto chiedete ai membri delle squadre di scrivere alla lavagna (decidete voi in quale ordine) i participi corrispondenti agli infiniti pescati; per ogni participio corretto, consegnate agli studenti un cartoncino contenente, oltre al participio, altri elementi utili per costruire con la propria squadra una frase utilizzando correttamente il passato prossimo (scheda 2 a pagina 45). Dopo cinque minuti, procedete alla correzione: vincerà la squadra che avrà totalizzato il maggior numero di frasi corrette.
Variante semplice. Se questo gioco vi sembra eccessivamente difficile, procedete all'inverso, dando il participio e chiedendo di risalire al corrispondente infinito (scheda 3 a pagina 46).

7 Osservate le immagini con la classe e fate costruire ai vostri studenti le frasi con gli elementi dati.
Soluzione: 1. *ho preso*, 2. *ha detto*, 3. *Siamo rimasti*, 4. *hai messo*

Seconda parte

 A **Quanti regali!**

1 Osservate le immagini e chiedete alla classe di ipotizzare quali, tra i regali fotografati, Giulia e Alessia hanno scelto per Chiara. Chiedete agli studenti di provare a spiegare brevemente il perché della loro scelta.

2 Leggete in ordine sparso le battute del dialogo alla classe e chiedete agli studenti di procedere in coppia per riordinarle. Rileggete poi il dialogo nell'ordine corretto.
Soluzione: 1, 2, 7, 5, 3, 8, 4, 6, 9, 10

3 Osservate le immagini e chiedete agli studenti di identificare in quali negozi raffigurati è possibile acquistare alcuni dei regali menzionati nel dialogo. Oltre agli oggetti sicuramente abbinabili ai negozi, ve ne sono altri il cui acquisto in Italia potrebbe essere possibile nei luoghi raffigurati; sollecitate ipotesi da parte dei vostri studenti (cd, DVD in libreria; orologio in gioielleria).
Soluzione: libreria – *libro (ma anche cd e DVD, se è una grande catena)*; profumeria – *profumo*; negozio di abbigliamento – *maglietta*; gioielleria – *orecchini (ma anche orologio, se prezioso)*

4 La tabella presenta degli avverbi di tempo di uso frequente in frasi costruite al passato prossimo. Leggete la tabella con i vostri studenti e chiedete loro di formulare frasi simili. Come esercizio di rinforzo di questa attività, potete proporre alla lavagna una **tavola** con alcuni elementi da abbinare per ottenere il maggior numero di frasi possibili.

Tavola delle combinazioni

Laura Alice Chiara e Giulia Paolo e Dino Pietro Andrea	è ha sono hanno	**sempre** **già** **appena** **mai** **non ancora** **non più**	telefonato arrivati uscite discusso ballato tornata andato via

B Buon compleanno!

1 Chiedete agli studenti di osservare in coppia le fotografie di questi personaggi e di parlarne brevemente prima di rispondere alle domande sulla loro età.

2 Invitate gli studenti ad osservare la tabella con alcune espressioni temporali di uso frequente nella lingua italiana e a completarla con gli elementi mancanti. Fate poi leggere le frasi complete enfatizzando le diverse preposizioni (*a, nel, il, in*).
Soluzione: *il, nel, nel*

3 Fate completare il disegno con l'inserimento dei mesi mancanti. Poi scrivete alla lavagna i nomi delle quattro stagioni e chiedete agli studenti di inserire correttamente i mesi. Ripetete con la classe i nomi in ordine dei mesi dell'anno. In Italia, per ricordare la durata dei singoli mesi dell'anno, si impara fin da bambini una nota filastrocca che anche gli adulti usano all'occorrenza per rinfrescarsi la memoria. Potete proporla ai vostri studenti, chiedendo loro di inserire correttamente i nomi dei mesi, che avrete omesso scrivendola alla lavagna: "30

giorni ha *novembre*, con *aprile*, *giugno* e *settembre*. Di 28 ce n'è uno (*febbraio*, anche se quando è bisestile ne ha 29), tutti gli altri ne hanno 31". Di che mesi si tratta? Se ritenete opportuno facilitare il compito, potete scrivere a parte i nomi dei mesi in disordine, o magari aggiungerne altri in più come distrattori, specificando in questo caso che dovranno sceglierne solo quattro.

4 Presentate alla classe il role-play e fate assumere a ciascun membro della coppia alternativamente il ruolo di A e quello di B. Fate riferire ad un terzo studente ciò che risulta dalle risposte di volta in volta fornite da chi ha rivestito il ruolo di B.

5 A coppie gli studenti si scambiano informazioni sui personaggi raffigurati seguendo l'esempio dato.

C L'ora della verità

1/2 Osservate le vignette con la classe e chiedete agli studenti di provare a raccontarne il contenuto servendosi delle indicazioni date. Fate quindi ascoltare il dialogo e confrontatelo con le versioni ricostruite sulla base delle vignette. Procedete a un riascolto e fatelo drammatizzare agli studenti a coppie.
Avviate una breve riflessione sulla scelta degli ausiliari in presenza di un verbo servile; nell'osservare le due frasi proposte (*non sono potuto venire, sono dovuto tornare*) chiedete alla classe di ipotizzare una motivazione per la scelta dell'ausiliare. Spiegate quindi che in italiano di norma l'ausiliare *essere/avere* di un verbo servile viene scelto considerando l'ausiliare richiesto dal verbo all'infinito "retto" dal verbo servile.

D Parliamo e scriviamo

Chiedete agli studenti di esporre le loro idee seguendo come traccia le domande proposte dall'attività. Fate poi comporre un testo come indicato al punto 4 e procedete individualmente a una restituzione degli obiettivi raggiunti.

Conosciamo l'ITALIA

Auguri!

Leggete il testo di pagina 70 con la classe, dando spiegazioni ove necessario. Cantate tutti insieme "Tanti auguri…" usando come nome quello dello studente che ha compiuto gli anni per ultimo. Leggete le domande e chiedete ai vostri studenti di rispondere a turno. Potete approfondire riprendendo il lessico dei mesi e distribuendo una fotocopia a ciascuno studente con le festività religiose e civili più sentite e festeggiate in Italia fotocopiando e distribuendo la scheda a pagina 47. Se lo ritenete utile come rinforzo, potete anche conteggiare quante festività "cadono" in Italia nelle varie stagioni dell'anno.

Quanti nomi!

Prima di procedere alla lettura del testo di pagina 71, chiedete ai vostri studenti se conoscono dei nomi propri e/o dei cognomi italiani. Leggete poi i nomi più diffusi e spiegate che l'onomastico in Italia non ha molta rilevanza e non viene festeggiato da tutti. Per quanto riguarda i cognomi, fate presente che alcuni di essi avevano una spiccata diffusione regionale, che si è leggermente mitigata con il tempo e le migrazioni interne al Paese.

1 Invitate gli studenti a svolgere le attività online relative all'unità 4.

2 Progettiamo!

Chiedete a ciascuno studente di scrivere due biglietti d'auguri come indicato nell'attività e leggeteli insieme; utilizzate un cartellone per appenderli in classe. Realizzate un secondo cartellone con il calendario dell'anno sul quale, lavorando insieme, scriverete le date dei compleanni di studenti e insegnanti e i rispettivi onomastici; potreste anche riportare quale santo si festeggia in Italia nelle date corrispondenti.

INFINITI

DIRE	FARE
SCEGLIERE	LEGGERE
CHIEDERE	RIMANERE
VEDERE	PRENDERE
DECIDERE	CHIUDERE
VINCERE	BERE
SPEGNERE	VENIRE
ESSERE	STARE
METTERE	SUCCEDERE
DISCUTERE	OFFRIRE
APRIRE	

Parte prima, C6 - SCHEDA 2

Elementi per formare le frasi

DETTO	"Auguri di buon compleanno!"
SCELTO	torta - suo compleanno
CHIESTO	informazioni su - orario - festa
VISTO	Paolo - fermata - autobus
DECISO	venire - festa
VINTO	una partita - calcio
SPENTO	il suo cellulare
STATO	tutto - pomeriggio - un negozio - dischi
MESSO	i nostri regali - tavolo
DISCUSSO	di musica - nostre amiche
APERTO	i regali - i miei amici
FATTO	invito - mia festa
LETTO	l'e-mail - invito - festa
RIMASTO	tutto - giorno - casa
PRESO	un regalo - festa - Giulia?
CHIUSO	la porta - chiave
BEVUTO	due bicchieri - aranciata
VENUTO	festa - la bicicletta - mio padre
STATO	tutta la mattina - scuola
SUCCESSO	cosa?
OFFERTO	bere - Chiara

PARTICIPI
Per la variante semplice

DETTO	FATTO
SCELTO	LETTO
CHIESTO	RIMASTO
VISTO	PRESO
DECISO	CHIUSO
VINTO	BEVUTO
SPENTO	VENUTO
STATO	STATO
MESSO	SUCCESSO
DISCUSSO	OFFERTO
APERTO	

Conosciamo l'Italia: *Auguri!*

Gennaio

*1: Capodanno
*6: Epifania

Febbraio

14: San Valentino

Marzo

8: Festa della donna
19: San Giuseppe, Festa del papà

Marzo/Aprile

*Pasqua (domenica "mobile" e lunedì successivo, detto dell'Angelo o Pasquetta)

Aprile

*25: Anniversario della liberazione

Maggio

*1: Festa dei lavoratori

Seconda domenica: Festa della mamma

Giugno

*2: Festa della Repubblica

Luglio

Agosto

*15: Ferragosto, Assunzione della Vergine

Settembre

Ottobre

Novembre

*1: Ognissanti
2: Giorno dei morti

Dicembre

*8: Immacolata Concezione
*25: Natale
*26: Santo Stefano
31: San Silvestro

Quarantasette giorni prima di Pasqua, si festeggia il Martedì Grasso, giorno in cui nella maggior parte d'Italia culminano i festeggiamenti del **Carnevale**, con maschere, sfilate di carri allegorici, coriandoli e stelle filanti. In alcune zone (per esempio, a Milano) il giorno finale di questa ricorrenza slitta al sabato della medesima settimana. Oltre a queste, ciascuna città italiana festeggia un proprio santo, il Patrono; tra i più famosi potete ricordare alla classe:

San Marco a Venezia il 25 aprile
San Giovanni Battista a Genova il 24 giugno
San Pietro a Roma il 29 giugno
San Gennaro a Napoli il 19 settembre
Sant'Ambrogio a Milano il 7 dicembre

* *Le festività indicate con l'asterisco sono le festività cosiddette civili, che prevedono la chiusura di industrie, uffici, scuole, negozi.*

A tavola

Elementi comunicativi e lessicali

- Parlare della famiglia
- Esprimere possesso
- Parlare di cucina
- Esprimere i propri gusti e le proprie preferenze

Elementi grammaticali

- I possessivi
- Forme *volerci/metterci*

Civiltà

- Le origini di alcuni cibi italiani
- Cosa mangiano i ragazzi in Italia

Materiale necessario

- Seconda parte, **D3**: *Gioco a squadre*. Una fotocopia di pagina 53, per ciascuna squadra, dell'elenco di cibi da utilizzare per la realizzazione del menu. Per la parte grafica chiedete agli studenti di venire a scuola con pennarelli, cartoncini colorati, nastrini colorati, forbici con la punta arrotondata e colla. Se l'attività sembra troppo difficile, si fornisce una variante a pagina 54.

Per cominciare...

1/2 Introducete l'attività con un brainstorming chiedendo agli studenti di individuare alcune tipologie di locali italiani nei quali mangiare (per esempio: ristorante, trattoria, osteria) e di indicare, se lo conoscono, qualche piatto italiano. Proponete poi l'attività, procedendo all'abbinamento. Chiedete successivamente alla classe di discutere utilizzando gli spunti forniti dall'attività 2.

3 Procedete all'ascolto del dialogo chiedendo agli studenti di evidenziare sul testo le affermazioni vere. Leggetele e riascoltate il dialogo. Soluzione: *1, 2, 3, 6*

Prima parte

A Chi sa cucinare?

1/2 Chiedete agli studenti di osservare in coppia le vignette e di rimetterle in ordine. Rileggete il dialogo enfatizzando le parole in blu; successivamente fate leggere il dialogo alle coppie di studenti: uno sarà la professoressa e l'altro assumerà il ruolo degli studenti.

3 Lavorando ancora in coppia, fate completare le frasi utilizzando le espressioni evidenziate in blu nel testo del dialogo a pagina 74.

A tavola

Soluzione: *Dipende, niente, comunque, Meno male, Ovvio*

4 Individualmente gli studenti rispondono alle domande; come correzione, chiedete ad alcuni studenti di leggere le proprie risposte.
Soluzioni: 1. *Un piatto della regione dei loro genitori*; 2. *Devono lavorare in piccoli gruppi*; 3. *Ogni gruppo deve presentare il suo piatto e assaggiare gli altri*; 4. *Possono preparare il piatto preferito di qualche cantante o attore*; 5. *Non devono preparare hamburger e patatine fritte, né soltanto frutta*

5 Leggete il testo alla classe e chiedete a ciascun alunno di completarlo con i possessivi dati.
Soluzioni: *nostri, miei, tuoi, nostre, loro*

6 Fate completare in coppia questa attività, chiedendo di scegliere il possessivo corretto tra quelli dati. Poi leggete le risposte.
Soluzioni: io, *i miei*; tu, *i tuoi*; Sergio, *la sua*; Maria, *i suoi*; Prof.ssa Bellini, *i Suoi*; noi, *le nostre*; voi, *le vostre*; Luca e Carla, *i loro*
Come rinforzo, chiedete alle coppie di studenti di elaborare otto domande e otto risposte utilizzando i possessivi esercitati nella tabella. Leggete insieme alla classe le proposte.

7 Chiedete a ciascuno studente di riordinare gli elementi dati in modo da formare una frase corretta utilizzando il possessivo appropriato.
Soluzione: 1. *Gianna, come stanno le tue amiche?*; 2. *Stasera sono venuti i nostri amici*; 3. *I tuoi sono problemi seri/I tuoi problemi sono seri*; 4. *Ragazzi, dove passate le vostre vacanze?*; 5. *I suoi fratelli sono grandi*

B La famiglia

1 Osservate con la classe l'immagine a pagina 77 e chiedete agli studenti di commentarla brevemente; si tratta di un albero genealogico, una "schematizzazione" dei vari gradi di parentela che legano i membri di una famiglia. Chiedete agli studenti, riuniti in coppie, di svolgere l'attività proposta rispondendo alle domande ed aiutandosi eventualmente con il lessico della tabella B2. Spiegate che i parenti della mamma si dicono *materni* (dal latino *mater* = madre; *zio materno, nonna materna* eccetera) mentre quelli da parte di padre sono detti *paterni* (dal latino *pater* = padre). Come **rinforzo** potete chiedere agli studenti di realizzare il loro albero genealogico (nonni, zii, genitori, fratelli), con fotografie e disegni, in modo che si possa realizzare qualche cartellone da appendere in classe e ogni studente possa parlare della famiglia alla classe illustrando il suo cartellone. Riportate alla lavagna una tabella che evidenzi i nomi di alcune parentele e completatela con la classe.

MADRE	
mamma della mamma	nonna materna
papà della mamma	nonno materno
...	zia materna
fratello della mamma	...
figlio degli zii	cugino materno
figlio degli zii	...

PADRE	
mamma del papà	nonna paterna
papà del papà	...
sorella del papà	zia paterna
fratello del papà	zio paterno
...	cugino paterno
figlia degli zii	...

2 Osservate con la classe le due tabelle e chiedete di individuarne la differenza. Fate poi inserire le diciture *con/senza articolo* negli spazi corretti.
Soluzione: Singolare: *senza articolo*, Plurale: *con articolo*

3 Chiedete agli studenti di rispondere a turno alle domande seguendo l'esempio.
Soluzioni: 1. *Con mia sorella*; 2. *Con suo padre*; 3. *Per la nostra mamma*; 4. *Del mio fratellino*; 5. *A suo nonno*; 6. *Dai nostri cugini*

4 In coppia gli studenti si scambiano informazioni sui membri delle proprie famiglie descrivendoli al compagno che poi riferisce quanto appreso alla classe.

Esempio: Mia madre si chiama…, ha … anni, è nata nel mese di…/è nata il…
È alta/bassa, magra/un po' cicciottella, ha capelli… e occhi… eccetera

C Gusti famosi...

1 Leggete i testi dell'attività e chiedete agli studenti di lavorare in coppia per abbinare le immagini ai testi. Chiedete loro anche di esprimersi sui gusti di questi personaggi famosi, indicando se conoscono i cibi menzionati e se sono di loro gradimento. Se lo ritenete opportuno, disegnate un tabella simile alla seguente alla lavagna e completatela con l'aiuto dei vostri studenti.

Personaggio	Cibo preferito	Mi piace	Non mi piace
Laura Pausini	Lasagne e tortellini	✔	
Angelina Jolie			
Lewis Hamilton			
Keira Knightley			
Cristiano Ronaldo			
Tiziano Ferro			

Seconda parte

A Cosa cuciniamo?

1 Disegnate alla lavagna una tabella con due colonne (primi e secondi piatti) e chiedete ai vostri studenti di indicarvi dei piatti della cucina italiana e di inserirli nella colonna corretta. Potete utilizzare per questa attività anche i nomi dei piatti citati nell'attività precedente.

PRIMI PIATTI	SECONDI PIATTI
Spaghetti alla carbonara	Filetto
Tortellini	Pesce
Lasagne	Bistecca ai ferri
Penne all'arrabbiata	Bistecca alla fiorentina
Pasta	…
…	

2 Osservate le vignette di pagina 79: di cosa stanno discutendo i ragazzi? Fate formulare ipotesi di massima sul contenuto del dialogo, poi leggetelo con la classe e chiedete di ipotizzare possibili completamenti per le parti mancanti. Procedete successivamente all'ascolto e

fate inserire i nomi corretti dei cibi (*penne all'arrabbiata, margherita, pizza al prosciutto*).

3 Leggete con la classe le espressioni presentate in questa attività; chiedete poi agli studenti di ricostruire, lavorando in coppia, dei minidialoghi usando i nomi dei piatti conosciuti nelle attività precedenti.

B Come mangi?

1 Proponete alla classe questo test su gusti e abitudini alimentari. Leggete i risultati e le relative interpretazioni. Infine, chiedete a ogni studente di comporre un breve testo sulla base delle risposte date e fatelo leggere alla classe.

2 Osservate cibi e bevande e chiedete agli studenti di esprimere, lavorando in coppia, le proprie preferenze per la prima colazione. Chiedete anche di indicare se mangiano qualcuno dei cibi qui raffigurati anche in altri momenti della giornata e non solo a colazione.

3/4 Riflettete con la classe sull'espressione "ci mettiamo cinque minuti" e chiedete agli studenti di ipotizzarne il significato; analogamente presentate l'espressione *volerci* e il suo possibile significato. Fatevi aiutare dalle immagini e dai testi di questa attività. Risulterà così che *ci vuole/ci vogliono*, utilizzato in senso temporale, indica il tempo necessario a svolgere una determinata azione mentre *metterci* (coniugabile in tutte le sue voci: *io ci metto, tu ci metti, lui/lei ci mette*...; passato prossimo: *io ci ho messo*...) indica il tempo che una persona impiega per portare a termine una determinata attività. Fate poi eseguire in coppia l'attività B4 e, come **rinforzo**, chiedete a ciascuno studente di indicare quanto impiega (ci mette) o quanto tempo ci vuole per compiere un'azione indicata da voi (Esempio: *Quanto ci metti a fare colazione?*; *Quanto ci vuole per venire a scuola da casa tua?*). Potete poi invitare gli studenti a farsi reciprocamente domande di questo genere, con uno dei due che riporta all'insegnante quanto detto dal compagno o da altri compagni (usando quindi la terza persona singolare o plurale).

C Vocabolario

1/2 Ascoltate il dialogo e chiedete di completare con i nomi mancanti le didascalie delle immagini: riascoltate il dialogo e chiedete a qualche studente di riassumerne brevemente il contenuto.
Soluzione: involtini *alla romana*, tortellini *al formaggio*, fettuccine ai funghi, *prosciutto* e melone, scaloppine *ai funghi*, coltello, tovaglioli, *piatto*

3 Chiedete di completare in coppia le frasi con le parole date.
Soluzione: *fresca, piccante, salato, saporito, cotta*

D Abilità

1 Avviate una discussione in coppia utilizzando la traccia fornita.

2 Ascoltate le risposte a una breve intervista e chiedete agli studenti di riordinare le domande. Soluzione: *1.* d, *2.* c, *3.* a, *4.* b

3 Adesso procedete all'ascolto dell'intervista completa e chiedete a ciascuno studente di segnalare con una crocetta le risposte esatte. Soluzione: 1. *c*, 2. *b*, 3. *b*, 4. *a*

Gioco a squadre

Formate delle squadre di tre/quattro studenti e spiegate loro lo scopo di questo gioco: "inventare" un menu speciale per un'occasione particolare!
Individuate un'occasione speciale da festeggiare con un bel pranzo e comunicatela ai vostri studenti; chiedete quindi di organizzare un menu adatto per l'occasione, scegliendo i cibi dalla lista di pagina 53, che fornirete a ogni squadra in fotocopia, e cercando di non eccedere con i costi; potete eventualmente indicare un tetto massimo di spesa a persona che sia di 25/30 Euro.
Chiedete agli studenti di suddividere i piatti in antipasti/primi/secondi/dolci (se ritenete quest'ultimo passaggio eccessivamente com-

plicato, fornite la lista dei cibi di pagina 54 già suddivisa per portate).

Ascoltate le squadre al lavoro e intervenite nel caso in cui vi chiedano aiuto. Lasciate 15/20 minuti di tempo per realizzare il menu (chiedete agli studenti di curare anche l'originalità dell'aspetto grafico) e conteggiare il costo totale. Fate leggere ogni menu da un membro della squadra a tutta la classe e chiedete di votare il menu più originale e meno dispendioso.

4 Parliamo

Osservate le due immagini e chiedete a qual-

che studente di descriverle.

Avviate una discussione seguendo gli spunti offerti da questa attività; relativamente ai punti 1, 2 e 3 potete scrivere alla lavagna i principali elementi emersi schematizzandoli e chiedete ai vostri alunni di copiarli sul quaderno.

5 Scriviamo

Chiedete agli studenti di comporre individualmente un testo scritto, seguendo la traccia fornita e utilizzando le espressioni apprese in questa unità; chiedete loro di soffermarsi in particolare sulla descrizione delle proprie abitudini alimentari fuori casa.

Conosciamo l'ITALIA

Gli italiani a tavola

Brainstorming: quale idea si sono fatti i vostri studenti dopo questa unità sull'importanza attribuita dagli italiani alla loro cucina? Avevano già questa idea o ne avevano un'altra che hanno cambiato? Lasciate un po' di tempo per la discussione e poi procedete alla lettura del testo, all'attività di completamento e all'esercizio di verifica della comprensione.

Soluzioni esercizio 1: *pasta, pasta, pizza*. Affermazioni corrette: *1, 3, 4, 6*

Cosa mangiano i ragazzi italiani?

1   Fate osservare la tabella relativa alle abitudini alimentari dei ragazzi italiani nell'età compresa tra i 12 e i 16 anni. Chiedete agli studenti di discuterne prima in coppia e poi con la classe, seguendo le indicazioni date (punti a e b).

2   Invitate gli studenti a svolgere le attività online relative all'unità 5.

3 Progettiamo!

1   Chiedete agli studenti di procurarsi prodotti tipici della cucina italiana e di portarli in classe, dove li "studierete" leggendo le etichette con gli ingredienti, l'origine e altre informazioni utili. Spiegate che in Italia la cucina si differenzia regionalmente con prodotti tipici molto particolari. Potete eventualmente realizzare un cartellone con una cartina d'Italia abbinando alcuni prodotti "famosi" alle loro regioni o città. Se il prodotto portato in classe lo consente, proponetene l'assaggio e un commento sul suo sapore. Se ci sono dei dubbi sull'autentica "italianità", suggerite agli studenti di effettuare un "controllo" in Internet. I siti che parlano e propongono cucina o prodotti "made in Italy" sono praticamente infiniti…!

2   Organizzate una festa italiana nella scuola o, in alternativa, nella vostra classe. Distribuite i compiti agli studenti suddivisi in gruppi e chiedete che ciascun gruppo prepari un piatto tipico italiano e/o procuri della musica, naturalmente italiana, per la festa. Se li vedete in difficoltà, date agli studenti delle indicazioni precise sui cibi da preparare (semplici da realizzare e da trasportare come pizzette, focaccine, salame di cioccolato, pane e nutella…). Buon divertimento e… buon appetito!

Seconda parte, D3

Gioco a squadre

Occasioni possibili
Festa di compleanno
Festa della mamma
San Valentino
Festa di fine anno scolastico
....

Cibi

Torta alla panna a forma di cuore	€ 4
Torta al cioccolato con le candeline	€ 3,50
Lasagne	€ 8
Involtini	€ 10
Tagliatelle ai funghi	€ 9
Scaloppine	€ 10
Bistecca ai ferri	€ 10
Insalata	€ 4
Tortellini alla panna	€ 8
Tiramisù	€ 4
Gelato	€ 3,50
Frittatine alle erbe	€ 8,5
Tartine al salmone	€ 6
Prosciutto e melone	€ 6
Patatine fritte	€ 2,50
Arrosto	€ 10,50
Patate al forno	€ 4
Insalata di pomodori	€ 4
Olive sott'olio	€ 2
Panna cotta	€ 4
Cotoletta alla milanese	€ 7,50
Bistecca alla fiorentina	€ 7,50
Spaghetti al pomodoro	€ 7,50
Verdure alla griglia	€ 5
Affettati misti	€ 6
Gamberetti in salsa rosa	€ 6,50
Tagliatelle al ragù	€ 8,50

Seconda parte, D3, Gioco a squadre, variante (cibi suddivisi per portate)

Antipasti

Frittatine alle erbe	€ 8,5
Tartine al salmone	€ 6
Prosciutto e melone	€ 6
Olive sott'olio	€ 2
Gamberetti in salsa rosa	€ 6,50
Affettati misti	€ 6

Primi piatti

Lasagne	€ 8
Tagliatelle ai funghi	€ 9
Tortellini alla panna	€ 8
Spaghetti al pomodoro	€ 7,50
Tagliatelle al ragù	€ 8,50

Secondi piatti e contorni

Involtini	€ 10
Scaloppine	€ 10
Bistecca ai ferri	€ 10
Insalata	€ 4
Patatine fritte	€ 2,50
Arrosto	€ 10,50
Patate al forno	€ 4
Insalata di pomodori	€ 4
Cotoletta alla milanese	€ 7,50
Bistecca alla fiorentina	€ 7,50
Verdure alla griglia	€ 5

Dolci

Torta alla panna a forma di cuore	€ 4
Torta al cioccolato con le candeline	€ 3,50
Tiramisù	€ 4
Gelato	€ 3,50
Panna cotta	€ 4

Trascrizione dei brani audio

PROGETTO ITALIANO Junior

Unità introduttiva

Prima parte

2 **A5**

casa, musica, cosa, ascoltare, scuola, cucina, gatto, regalo, dialogo, singolare, lingua, gusto, ciao, cinema, cellulare, cena, pagina, giusto, gelato, Argentina, chiavi, Chiara, amiche, pacchetto, Inghilterra, dialoghi, margherita, Ungheria

3 **A6**

attrici, simpatiche, geografia, messaggino, giovane, genitori, Buongiorno, amico, bicicletta, spaghetti

4 **esercizio 1**

ROBERTO BENIGNI
LAURA PAUSINI
EROS RAMAZZOTTI
MONICA BELLUCCI
TIZIANO FERRO

5 **C1**

a) *Stella*: Buongiorno, Gianna. Questi sono Gary e Bob.
Gianna: Ciao, io sono Gianna. Siete americani?
Bob: Io sono americano, lui è inglese.

b) *Giorgia*: Ciao, questa è Dolores.
Matteo: Piacere Dolores, io sono Matteo. Sei spagnola?
Dolores: Sì, e tu?
Matteo: Sono italiano.

6 **C7**

sport, sedia, osservate, espresso, casa, frase, uscita, pesce, maschera, maschile

7 **C8**

Alessia, brasiliano, studentessa, usare, scuola, uscire, singolare, borsa, straniero, professoressa

Seconda parte

8 **A1**

1. Questa è la macchina di Paolo.
2. Ah, ecco le chiavi!
3. Gli studenti d'italiano sono molti.
4. Questo è il libro di Anna?
5. Il calcio è lo sport che preferisco!
6. Scusi, è questo l'autobus per il centro?

9 **A6**

bagno, spagnolo, famiglia, gli, inglese, globale, zero, zaino, azione, canzone, mezzo, azzurro, pezzo, pizza

10 **A7**

esercizio, zia, cognome, luglio, compagno, ragazzo, insegnante, lezione, lavagna, nazionalità

11 **B1**

Alessia: Ciao, io sono Alessia.
Amico/a: Quanti anni hai?
Alessia: Ho 12 anni.
Amico/a: E tu come ti chiami?
Dino: Mi chiamo Dino, piacere.
Giulia: Io mi chiamo Giulia e lui si chiama Fido. Ha 3 anni.
Paolo: Ciao, io sono Paolo. Ho 13 anni. E tu?

12 **B4**

undici, dodici, tredici, quattordici, quindici, sedici, diciassette, diciotto, diciannove, venti, ventuno, ventidue, ventitré, ventiquattro, venticinque, ventisei, ventisette, ventotto, ventinove, trenta.

13 **B6**

piccolo, cappuccino, caffè, difficile, aggettivo, messaggio, bello, giallo, mamma, gomma, nonna, Anna, arrivederci, Ferrari, settimana, lettera

14 **B7**

penna, latte, torre, tabella, cioccolato, gatto, numeri, cane, cappello, architetto

Unità 1 A scuola

Prima parte

15 **A1**

Alessia: Ciao sei nuova, no?

Chiara: Sì, ciao.

Alessia: Benvenuta! Io sono Alessia.

Chiara: Grazie. Io sono Chiara. Piacere.

Alessia: Abiti qui vicino?

Chiara: No, abito fuori città. Però papà lavora in questa zona e ogni mattina prendiamo il treno.

Alessia: E dopo la scuola tornate insieme?

Chiara: Sì, sempre in treno: papà non ama prendere la macchina. Pranziamo e poi lui ritorna al lavoro.

Alessia: Senti, conosci già gli altri?

Chiara: Non tutti... Solo Paolo e quella ragazza castana che scrive al cellulare.

Alessia: Giulia! Sì, Giulia scrive messaggini a tutti. E Paolo gioca a calcio... anche quando dorme! (risate)

16 **C1**

1) • Allora, buonanotte, signor Verdi!
  ○ Buonanotte anche a Lei, signora!

2) • Ciao, Maria, dove vai?
  ○ Oh, ciao Carlo! Vado al supermercato.

3) • Buongiorno Dino, come va?
  ○ Mah, così e così.

4) • Buonasera, Andrea, tutto bene?
  ○ Bene, grazie, Lucia. E tu?

Seconda parte

17 **A1**

Paolo: Ciao, io mi chiamo Paolo.

Chiara: Piacere, Chiara.

Paolo: Piacere. Di dove sei?

Chiara: Sono di Bari.

Paolo: Ah, e da quanto tempo sei qui?

Chiara: Siamo a Firenze da due mesi... Ora mio padre lavora qui.

Paolo: Ah, e dove?

Chiara: In uno studio qua vicino. È architetto.

Paolo: Dove abitate, qui in centro?

Chiara: No, fuori città, a Fiesole.

Paolo: Ma è lontano?

Chiara: No, in treno sono 15 minuti. Mio padre preferisce il treno all'auto.

18 **B3**

a) • E ora dove abita, signora Spinelli?
  ○ Abito a Milano.

b) • Ciao, Matteo. Come stai?
  ○ Bene, grazie! E tu?

c) • Lei è nuovo in questa scuola?
  ○ Sì, insegno da poco.

d) • Francesco, tu sei di Milano?
  ○ No, di Bologna. E tu?

19 **C1**

• Com'è Gloria? Bella?
○ Sì, è alta e abbastanza magra. È anche molto simpatica.
• È bionda o bruna?
○ Bionda e ha i capelli molto lunghi. Ha gli occhi azzurri e il naso alla francese.
• E come sono i nasi alla francese?
○ Come quello di Gloria.

20 **Esercizio 15**

Nome: Margherita
Cognome: D'Amico
Indirizzo: Via Dalla Chiesa, 31
Città: Napoli
Numero di cellulare: 337-865793
Animali preferiti: cane e gatto
Dolce preferito: gelato

21 **Esercizio 16**

• Come ti chiami?
– Teodoro.
– Quali sono le tue materie preferite?
– Educazione Fisica e Italiano.
– E quella che ti piace di meno?
– Tecnica.
– Della scuola, che cosa ti piace di più, che cosa consideri più bello?
– Chiacchierare durante la lezione.
• Come ti chiami?
– Chiara.
– Quali sono le tue materie preferite?

- Matematica e Scienze.
- Quella che ti piace di meno?
- Tecnica.
- Della scuola, il momento o la cosa più bella?
- L'intervallo e stare con gli amici.
- Come ti chiami?
- Beatrice.
- Quali sono le tue materie preferite?
- Educazione Fisica e Matematica.
- E invece quelle che non ti piacciono?
- Arte e... arte.

- La cosa più bella della scuola?
- Andare in gita.
- Come ti chiami?
- Iacopo.
- Quali sono le tue materie preferite?
- Italiano e Musica.
- Quelle che ti piacciono di meno?
- Tedesco... e basta.
- Della scuola, qual è la cosa o il momento più bello? – L'intervallo.

Unità 2 Tempo libero

Prima parte

22 Per cominciare... 2

Chiara: Simpatici Giulia, Paolo e Dino! Siete molto amici, vero?

Alessia: Sì, anche perché abitiamo vicino e usciamo insieme alcune volte.

Chiara: E dove andate di solito?

Alessia: Beh, non è facile decidere, non abbiamo tutti gli stessi interessi...

Chiara: Cioè?

Alessia: A me, per esempio, piace molto il cinema.

Chiara: E andate spesso al cinema?

Alessia: Una o due volte al mese. Ma Paolo di solito non viene: preferisce giocare a calcio.

Chiara: Giulia e Dino vengono con te, no?

Alessia: Ah, sì. Giulia adora il cinema. Sa tutto sugli attori eccetera.

Chiara: Anche a me piace il cinema.

Alessia: Perfetto! Allora, che fai sabato? All'*Odeon* danno il nuovo film con Orlando Bloom. Vieni? Andiamo con mia madre.

Chiara: Sabato? Perché no?

23 B1

● Pietro, vieni con noi al cinema stasera?
○ Purtroppo non posso, devo studiare.
● Ma dai, oggi è sabato!

● Che fai domani? Andiamo a giocare a pallacanestro?

○ Sì, volentieri!

● Carla, dopo la scuola noi andiamo a mangiare qualcosa. Vuoi venire?
○ Certo! Panino o pizza?

● Senti, perché non vieni anche tu alla festa sabato?
○ Mi dispiace, ma è il compleanno di un'amica.

Seconda parte

24 A2

Chiara: Bello il film, no?

Giulia: Bello Bloom!

Alessia: Sentite ragazzi, perché non venite a casa mia domani mattina?

Giulia: Certo, perché no?

Dino: Ma è domenica! Non so, io voglio dormire un po'...

Alessia: Dai, possiamo fare tante cose: ascoltare la musica, giocare al computer, mangiare insieme...

Dino: Mangiare? Ecco un passatempo interessante! Insieme al computer ovviamente!

Giulia: Uffa, Dino. Chiara, a te cosa piace fare nel tempo libero?

Chiara: A me? Tante cose: leggere, ascoltare la musica, ballare... Ah... dove abiti, Alessia?

Alessia: Abito in Via Petrarca, 14 al secondo piano. Se vieni in autobus, devi pren-

dere il 24 e scendere alla terza fermata dopo la scuola. È semplice.

Chiara: Ok, facile!

Dino: Senti, Ale, avviso anche Paolo, va bene?

Alessia: Perfetto. Allora a domani!

25 C1

- ● Hai un hobby?
- − Sì, danza.
- − Giocare a calcio.
- − Suonare la fisarmonica.
- − Gioco a calcio e basket.

- ● Dove e quanto tempo passi in quest'attività?
- − Faccio quattro ore settimanali e vado in una scuola apposta.
- − Dove, in oratorio.
- − In casa, circa un'ora al giorno.
- − Di solito esco per un quattr'ore… e così.

- ● Perché ti piace quest'attività?
- − Perché è stata una mia passione fin da quand'ero piccolina.
- − Mah, un perché non c'è. Mi è sempre piaciuto.
- − Mi piace perché dato la musica che mi piace ascoltare, questo strumento è proprio fatto apposta.
- − Perché il calcio è il mio sport preferito, il basket anche quello è uno dei miei sport preferiti, invece uscire con gli amici, socializziamo un po'.

26 Esercizio 14

Studentessa

Sassi

Uscire

Spazzola

Sensibile

Cosa

Unità 3 In contatto

Prima parte

27 Per cominciare… 4:

Chiara: Ciao papà a dopo! Oh, ciao Paolo. Come va?

Paolo: Ciao Chiara. Bene, aspetto Dino per salire insieme da Alessia.

Chiara: Ah, a che ora avete appuntamento?

Paolo: Alle 10.20… è in ritardo. E al cellulare non risponde.

Chiara: Forse è ancora a casa…

Paolo: Vediamo… (*chiama un numero al cellulare*) no, non risponde nessuno… Aspetta, forse so dov'è. Vieni con me?!

Chiara: Dove?

Paolo: Al solito Internet point qui vicino.

Chiara: All'Internet point? Alle 10 e mezza del mattino?

Paolo: Non conosci bene Dino… Andiamo!

Paolo: Dino! Di nuovo al computer! Ma sai che ore sono?!

Dino: Oh, ciao ragazzi. Che, sono già le 10 e 30?

Paolo: Veramente sono le 10 e 40. E poi questo è il tuo messaggio di ieri: 10 e 20, non 10 e 30!

Dino: Davvero? Ok, un attimo che supero il secondo livello…

Paolo: Dino, siamo già in ritardo! Su, andiamo!

28 B1

a) ● Scusi, a che ora inizia il prossimo spettacolo?
 ○ Alle 18.00.
 ● E a che ora finisce?
 ○ Alle 19.50.
 ● Grazie.

b) ● Mauro, sai a che ora chiudono i negozi?
 ○ Non sono sicuro, ma penso all'una e mezza.
 ● E sono aperti anche il pomeriggio?
 ○ Credo dalle quattro alle sette e mezzo.

c) ● Quante ore studi al giorno?
 ○ Tre, dalle 5 fino alle 8 di sera.
 ● E a che ora vai a letto?
 ○ Di solito, a mezzanotte.

Seconda parte

29 A2

Alessia: Ragazzi, io e Chiara dobbiamo fare una ricerca su Internet per il compito d'inglese. Voi che volete fare?

Paolo: Posso leggere i fumetti di tuo fratello?

Alessia: Sì, sono tutti nella sua camera da letto. Sai, è quella accanto alla mia.

Giulia: Il telecomando del televisore?

Alessia: Là, sotto il televisore.

Chiara: Scusa, Alessia, il bagno dov'è?

Alessia: Davanti alla mia camera.

Dino: Avete molto da fare al computer? C'è un videogioco online che devo…

Paolo: Ancora?! Ma non hai niente di meglio da fare?

Dino: Certo… mangiare! Ale, c'è del gelato, per caso?

Paolo: Dino, ma tu non sei a dieta? Che fai, la dieta al gelato?

Alessia: Il gelato non c'è, ma c'è della torta in frigo: dev'essere dietro il formaggio.

30 **C1**

a) **Dino**: Scusi, signora, sa tra quanto parte l'autobus?

signora: Fra dieci minuti, credo.

Dino: Grazie!

signora: Prego!

b) **mamma**: Giulia, puoi portare una delle due borse?

Giulia: Certo, nessun problema.

mamma: Grazie!

Giulia: Di niente!

c) **Silvia**: Ecco il cd di Eros Ramazzotti.

Paolo: Grazie tante, Silvia!

Silvia: Figurati!

31 **D1**

- Quanto tempo passi in Internet?
- Dalle tre alle quattro ore al giorno.
- Gran parte della mia giornata.
- Dalle tre alle quattro ore al giorno.
- Poco.
- Di solito per quale motivo lo usi?
- Per navigare, per chattare o per scrivere.
- Ma più che altro non uso Internet, uso il computer perché faccio grafiche al computer.
- Lo utilizzo per ascoltare musica, guardare immagini, navigare in Internet, specialmente per chattare con gli amici.
- Ricerche e soprattutto per stare in chat.
- Quali siti visiti più spesso?
- Facebook, Netlog e comunque tutte chat internazionali.
- Facebook.
- Visito spesso Youtube, Facebook, Messenger…
- Beh, per le ricerche Wikipedia; chat uso Messenger, Facebook o Netlog.
- Hai un blog, uno spazio Facebook o una tua pagina web?
- Sì. Ho sia un blog in Messenger, che uno spazio Facebook.
- Ho una mia pagina web.
- Sì, ho uno spazio Facebook.
- Ho un mio space su Messenger.
- Secondo te, Internet può essere pericoloso?
- Dipende.
- Se usato in modo scorretto, sì.
- Sì, soprattutto per bambini e ragazzi.

32 **Esercizio 14**

Domani per il compito in classe, portate tutti il dizionario.

Che bella la tua maglietta, Chiara!

La mia materia preferita è l'inglese.

Di solito, noi andiamo in vacanza in luglio.

Come si chiama il tuo compagno di banco?

Noi abitiamo in un palazzo di tredici piani.

Unità 4 Una festa

Prima parte

33 **Per cominciare… 3**

madre: Allora, signorina… alla fine cosa hai regalato a Giulia per il suo compleanno?

Chiara: Un profumo! Il nuovo di Miss Pink.

madre: E la festa? Com'è andata?

Chiara: Bene, mamma. Un sacco di ragazzi! Abbiamo mangiato, abbiamo ballato. È stata

proprio una bella festa. Soltanto che…

madre: Cos'è successo?

Chiara: Mah, niente! Sono venuti tutti tranne Paolo!

madre: Come mai?

Chiara: Non lo so… Paolo e Giulia sono molto amici! Un mistero!

madre: Dai, un mistero! Esagerata!

Chiara: Ma sì, è sparito: non ha risposto neppure alle telefonate e ai messaggi di Dino. Non è il modo questo di trattare gli amici.

madre: Chissà, forse Paolo ha avuto qualche problema. Bisogna prima sentire cosa dice, no?

Chiara: Hai ragione! Chiamo Dino per vedere se ha sentito Paolo.

34 **Esercizio 6**

La giornata di Giulia.

Oggi sono andata al supermercato con la mamma. Abbiamo comprato bibite e panini. Siamo tornate a casa a mezzogiorno. La mamma ha preparato la torta. I miei nonni sono arrivati a casa nel pomeriggio. Mi hanno portato un regalo meraviglioso, un nuovo iPod! Per la festa ho comprato un vestito nuovo.

35 **C2**

Dino: Allora? Dove sei stato ieri? Perché non hai telefonato?

Paolo: Aspetta, posso spiegare… Allora, ieri pomeriggio sono andato in un negozio di dischi per comprare il regalo di Giulia: il nuovo cd di Tiziano Ferro. Sai, piace tanto a Giulia…

Dino: Sì, sì, lo so!

Paolo: Indovina chi ho incontrato nel negozio! Stefania! Della Seconda C.

Dino: No!!! E allora?

Paolo: All'inizio abbiamo parlato un po' di musica eccetera, e poi siamo usciti dal negozio per aspettare le sue amiche.

Dino: E poi?

Paolo: Niente… abbiamo mangiato un gelato e alla fine lei è andata via a piedi con le sue amiche e io ho preso l'autobus. Solo che alla fermata ho dimenticato il mio zaino con dentro tutto: soldi, cellulare e il cd di Giulia!

Dino: Mannaggia! Macché, hai visto Stefania e hai perso la testa?

Paolo: Sembra proprio di sì. Sono anche tornato alla fermata, ma niente!

Dino: Ma alla festa perché non sei venuto?

Paolo: Perché sono tornato a casa tardi, verso le 6. E la cosa peggiore è che dopo ho litigato con mio padre per lo zaino! E poi senza regalo…

Dino: Sì, però una telefonata…

Paolo: Hai ragione, scusa. Ora cosa dico a Giulia?

Dino: Beh, hai tempo fino a domani per pensarci!

35 **Esercizio 7**

Dino: Allora? Dove sei stato ieri? Perché non hai telefonato?

Paolo: Aspetta, posso spiegare… Allora, ieri pomeriggio sono andato in un negozio di dischi per comprare il regalo di Giulia: il nuovo cd di Tiziano Ferro. Sai, piace tanto a Giulia…

Dino: Sì, sì, lo so!

Paolo: Indovina chi ho incontrato nel negozio! Stefania! Della Seconda C.

Dino: No!!! E allora?

Paolo: All'inizio abbiamo parlato un po' di musica eccetera, e poi siamo usciti dal negozio per aspettare le sue amiche.

Dino: E poi?

Paolo: Niente… abbiamo mangiato un gelato e alla fine lei è andata via a piedi con le sue amiche e io ho preso l'autobus. Solo che alla fermata ho dimenticato il mio zaino con dentro tutto: soldi, cellulare e il cd di Giulia!

Dino: Mannaggia! Macché, hai visto Stefania e hai perso la testa?

Paolo: Sembra proprio di sì. Sono anche tornato alla fermata, ma niente!

Dino: Ma alla festa perché non sei venuto?

Paolo: Perché sono tornato a casa tardi, verso le 6. E la cosa peggiore è che dopo ho litigato con mio padre per lo zaino! E poi senza regalo…

Dino: Sì, però una telefonata…

Paolo: Hai ragione, scusa. Ora cosa dico a Giulia?

Dino: Beh, hai tempo fino a domani per pensarci!

Seconda parte

36 C2

Paolo: Scusami se non sono potuto venire alla tua festa.

Giulia: Ma che è successo? Come mai sei sparito? Nemmeno una telefonata.

Paolo: So che sembra incredibile, ma sabato ho perso sia il tuo regalo, l'ultimo cd di Tiziano Ferro, che il mio cellulare.

Giulia: Davvero!? Come?

Paolo: Ho dimenticato lo zaino a una fermata dell'autobus. Anzi, sono dovuto tornare a piedi a cercarlo, ma niente. Una sfiga che non ti dico.

Giulia: Non è sfiga, sei tu che hai la testa fra le nuvole!

Paolo: Tu scherzi, ma sabato sono riuscito a perdere il mio zaino, la tua festa e a litigare con mio padre. Tutto questo in poche ore!

Giulia: Dai, sono cose che succedono… a te!

Paolo: Ridi, ridi. Comunque sabato è successa anche una cosa bella: ho finalmente parlato con una ragazza che mi piace molto.

Giulia: Chi è?

Paolo: Stefania Sensi, della Seconda C.

Giulia: Ah, carina. Però, Paolo… lei sta con Gabbetti, della Terza B.

Paolo: Con chi?!!!

37 Esercizio 15

cane
pallone
sacco a pelo
spago
scarpe da ginnastica
cucchiaio
tenda
forchetta
telefonino
zoccoli
maglietta
spazzolino
cappello
canna da pesca

Unità 5 A tavola

Prima parte

38 Per cominciare… 3

Professoressa: Quest'anno abbiamo parlato delle regioni italiane. Adesso è venuto il momento del vostro progetto di lavoro. Siete pronti?

Giulia: Dipende prof… che dobbiamo fare?

Professoressa: Cucinare per la festa di fine anno!

Giulia: Cucinare?! Che cosa?!

Professoressa: Una specialità della regione di vostro padre o di vostra madre.

Paolo: Ma… io che non so cucinare posso chiedere aiuto a mia madre, no?

Professoressa: Ovvio! Dovete lavorare in piccoli gruppi e in collaborazione con i vostri genitori. È un lavoro di squadra.

Paolo: Cioè?

Professoressa: Dunque: insieme dovete scegliere un antipasto, un primo o un secondo, cucinare e poi portare i vostri piatti in classe: alla fine ogni gruppo può presentare il suo piatto e assaggiare tutti gli altri!

Dino: Meno male, perché a me le specialità delle regioni dei miei non piacciono tanto…

Professoressa: Comunque, avete un'alternativa: preparare il piatto preferito di qualche cantante o attore.

Alessia: Ma allora così va bene! La mia cantante preferita mangia solo frutta e verdura!

Professoressa: Dai, Ale, bisogna preparare piatti veri… e niente hamburger e patatine fritte, ok?

39 Esercizio 6

cameriere: Buonasera. Cosa desiderano?

Alessia: Io vorrei gli spaghetti al pesto. Mi piace molto la pasta! E tu, Chiara?

Chiara: A me piace la carne. Vorrei una bistecca alla fiorentina. Ah, anche un'insalata per favore.

Dino: A me non piace affatto la carne… Vorrei una bella pizza margherita!

Alessia: Chiara, ti piace il gelato? A me piace tanto il gelato alla fragola.

Chiara: Sì, vorrei del gelato al cioccolato.

Dino: A me piacciono i gelati, ma preferisco la frutta! Grazie!

cameriere: Bene. Torno subito!

Seconda parte

40 A2

Paolo: Ragazzi, meglio un primo, ad esempio penne all'arrabbiata che mi piacciono tanto!

Alessia: Un primo sì, ma deve piacere un po' a tutti, no? Qualche altra idea?

Giulia: Perché non prepariamo un secondo, invece? Che so, la bistecca alla fiorentina!

Dino: Ma non deve essere una ricetta italiana?

Giulia: Non necessariamente. E poi, se non è italiana la fiorentina, cos'è, cinese? (hehehe)

Chiara: Comunque, raga, se abbiamo parlato delle regioni italiane, meglio un piatto italiano. Allora, cosa c'è di più italiano della pasta?

Alessia: C'è anche la pizza! Una bella margherita!

Dino: Pizza! Ragazzi, scusate, ma adesso ho fame!

Paolo: Dino, tu hai sempre fame!

Dino: Sì, ma adesso vorrei un po' di pizza al prosciutto. Eh, che ne dite? *"Spizzico"* è dietro l'angolo, ci mettiamo cinque minuti.

Chiara: Ma sono solo le tre e mezza! Non hai mangiato a pranzo?

Dino: Veramente ho fatto uno spuntino fuori e poi a casa ho mangiato poco.

Paolo: "Dino Petrini: il miglior cliente di *Spizzico* e *McDonald's*!" Grande Dino!

41 C1

Professoressa: Allora, cominciamo? Ogni gruppo deve far vedere il proprio piatto. Voi che cosa avete preparato?

Studente: Noi abbiamo scelto un primo: i tortellini al formaggio.

Professoressa: Benissimo. Altro primo?

Studente: Sì, noi, le fettuccine ai funghi.

Professoressa: Molto bene. Altro?

Studente: Noi abbiamo preparato un secondo: le scaloppine ai funghi!

Professoressa: Anche voi i funghi!

Studente: Sì, ma non sono gli stessi! (*risata*)

Professoressa: Spero proprio! Altro?

Studente: Noi abbiamo scelto un antipasto classico: prosciuttto e melone!

Professoressa: Mmm! Avete fatto bene, ci vuole anche un antipasto.

Studente: Noi, invece abbiamo preparato un secondo speciale: gli involtini alla romana.

Professoressa: Buono. Difficile, però, no?

Studente: Molto, signora. Ma son buoni.

Professoressa: Lo so… Allora, possiamo cominciare. Chi ha portato le forchette?

Studente: Noi, e anche i coltelli!

Professoressa: Bravi ragazzi! I tovaglioli?

Studente: Noi, eccoli, sono di carta riciclata. Abbiamo portato anche la *Coca cola*, è bella fresca!

Professoressa: Bravi. E i piatti e i bicchieri?

Studente: Ecco qui, anche questi di carta: i bicchieri e i piat… caspita! Ho dimenticato i piatti! Mi scusi prof. E ora?

Professoressa: Vediamo… Mi sa che dobbiamo lasciare tutto sui vassoi e mangiare tutti insieme.

Studente: Meglio così. E poi lei non ha detto che questo è un lavoro di squadra?

42 D2

– Di sicuro patatine e Coca Cola. Solitamente anche un hamburger.

– Panino, un hamburger, patatine e la Coca.

– Un panino e la Coca Cola.

– Un panino… un hamburger, con patatine e Coca Cola.

– No, quasi mai. Solo il sabato e la domenica, se mi alzo presto, se no, no.

– Sì. Una tazza di latte con biscotti, così.
– Sì, bevo una tazza di latte con qualche biscotto.
– Mangio… cioè bevo il tè con una merendina.

– No a scuola niente. Io non mangio niente finché non arrivo a casa a pranzo.
– Eh, no.
– Sì, ogni tanto. Un pacco di cracker…
– Molto. Mangio merendine sia che mi porto da casa, che me le offrono gli altri, anche.

– La pasta.
– Il mio piatto preferito sono le zucchine che fa mia madre, le fa in padella, tipo… che fa fritte… così.
– La pizza.

43 D3

● Cosa prendi di solito al fast food?
– Di sicuro patatine e Coca Cola. Solitamente anche un hamburger.
– Panino, un hamburger, patatine e la Coca.
– Un panino e la Coca Cola.
– Un panino… un hamburger, con patatine e Coca Cola.
● Fai colazione la mattina? Cosa mangi?
– No, quasi mai. Solo il sabato e la domenica, se

mi alzo presto, se no, no.
– Sì. Una tazza di latte con biscotti, così.
– Sì, bevo una tazza di latte con qualche biscotto.
– Mangio… cioè bevo il tè con una merendina.
● A scuola mangi? Che cosa?
– No a scuola niente. Io non mangio niente finché non arrivo a casa a pranzo.
– Eh, no.
– Sì, ogni tanto. Un pacco di cracker…
– Molto. Mangio merendine sia che mi porto da casa, che me le offrono gli altri, anche.
● Il tuo piatto/cibo preferito?
– La pasta.
– Il mio piatto preferito sono le zucchine che fa mia madre, le fa in padella, tipo… che fa fritte… così.
– La pizza.

44 Esercizio 12

1. Sua zia è di Milano?
2. Mio fratello è intelligente.
3. Ti piace la pasta?
4. La vostra mamma si chiama Lisa?
5. I suoi zii sono americani.
6. La loro nonna è francese?
7. Il mio papà è in ufficio.
8. La professoressa è simpatica?

Chiavi del Quaderno degli esercizi

UNITÀ INTRODUTTIVA

1 1. Roberto Benigni, 2. Laura Pausini, 3. Eros Ramazzotti, 4. Monica Bellucci, 5. Tiziano Ferro

2 **Femminile:** *arte*, musica, moda, storia, professoressa, matita
Maschile: calcio, cappuccino, zaino, studente, libro, quaderno

3 Pesce rosso, aranciate fredde, pizza calda, ragazze italiane, macchina nera, alberi alti

4 Mario è italiano; io sono Alessia; *tu sei Dolores?*; Io e Bob siamo americani; Voi siete argentini; Le macchine sono rosse

5 Susan è americana; Leonardo è brasiliano; Chiara è italiana; George è inglese; Santiago è spagnolo; *Inna è russa*

6 il; l'; le; la; gli; la; *lo*; le; gli

7 **Il:** calcio, regalo, pesce; **Lo:** spagnolo, studente, zaino; **La:** classe, sedia, parola; **L':** Inghilterra, espresso, opera; **I:** libri, cani, genitori; **Gli:** anni, esercizi, americani; **Le:** *canzoni*, case, zie

8 1. Lo zaino è piccolo = Gli zaini sono piccoli; 2. L'amica è bella = Le amiche sono belle; 3. La zia è giovane = Le zie sono giovani; 4. *L'astuccio è blu* = *Gli astucci sono blu*; 5. Il telefonino è nuovo = I telefonini sono nuovi; 6. Lo sport è bello = Gli sport sono belli

9 1. Ciao, mi chiamo Dino, 2. *Come ti chiami?*, 3. Quanti anni hai?, 4. Come si chiama il cane?, 5. Ho dodici anni; 6. Piacere, io sono Paolo

10 1. Quanti anni hai?, 2. *Come ti chiami?*, 3. Come si chiama il cane?, 4. Mi chiamo…, 5. Ho … anni, 6. Ciao Alessia, come stai?

11 1. ho, 2. hanno, 3. ha, 4. ha, 5. abbiamo, 6. ho, 7. ha, 8. hai

12 1. *Ciao!*, 2. Ciao, mi chiamo Alessia. E tu?, 3. Cristina Amoroso, 4. Come si scrive il tuo cognome?,

5. A - emme - o - erre - o - esse - o, 6. Quanti anni hai?, 7. Tredici. E tu?, 8. Dodici

13 1. più piano; 2. A quale; 3. Può ripetere; 4. *si scrive?*; 5. dice; 6. andare

Test finale

Come si scrive: a-emme-i-ci-i / *ci - o - gi - enne - o - emme - e* / esse-pi-a-gi-acca-e-ti-ti-i / i-enne-esse-e-gi-enne-a-enne-ti-e / Di-a-vu-i-di-e
Cosa rispondi: *Buogiorno!* / Mi chiamo… / Sì, sono americano-No, non sono americano. Sono… / Ho … anni / Piacere
Femminile o maschile: femminile/maschile/ maschile / *femminile* / maschile
Singolare o plurale: singolare / *plurale* / plurale/ singolare / plurale
Verbo essere: *sono* / sei / è / siamo / siete
Verbo avere: hai / hanno / avete / ho / *abbiamo*

UNITÀ 1

1 *Orizzontali:* 1. cellulare; 2. rivedere; 3. fare; 4. amici; *Verticali:* 5. geografia; 6. treno

2 1. c, 2. f, 3. a, 4. b, 5. d, 6. e

3 *Io ascolto, Lei scrive*, Noi abitiamo, Lui conosce, Loro giocano, Voi amate, Tu leggi = Firenze

4 1. a) *ascolto* musica, b) scrivo, c) conosco; 2. a) studia, b) abita, c) prende; 3. a) abiti, b) dormi, c) leggi; 4. a) pranziamo, b) conosciamo, c) incontriamo; 5. a) arrivate, b) prendete, c) scrivete; 6. a) dormono, b) leggono, c) scrivono

5 1. oggi, 2. scuola, 3. bella, 4. gentile, 5. simpatica, 6. musica, 7. interessanti

6 1. un, 2. un, 3. una, 4. un, 5. *un*, 6. un, 7. una, 8. un, 9. una, 10. una, 11. una, 12. un

7 1. un, 2. un, 3. un, 4. un, 5. una, 6. un, 7. un, 8. una

Chiavi del Quaderno degli esercizi

8

A. Ci vediamo / Arrivederci / A domani / Ciao
B. Buonanotte
C. Buonasera / Buongiorno

9 a. 2, b. 3, c. 5, d. 6, e. 1, f. 4

10 1. preferisco, 2. pulisco, 3. dormi, 4. pulisci, 5. preferiscono, 6. ascoltano, 7. capiscono

11 *Professor Zanotti*: Lei come si chiama? - Lei, è di Firenze? - Quale materia insegna?
Chiara: Ciao, come ti chiami? - Di dove sei? - Sei brava a scuola?

12 1. rossa, 2. bionda, 3. vecchia, 4. antipatica, 5. allegra, 6. corta

13 **Singolare maschile**: simpatico, gentile, bello, sportivo
Singolare femminile: *allegra*, gentile
Plurale maschile: belli, interessanti
Plurale femminile: alte, magre

14 Risposta libera

15 Margherita, cognome, Via Dalla Chiesa 31, città, cellulare, cane, gatto, dolce, gelato

16 **Teodoro**: ☺ Educazione fisica, Italiano
  ☹ Tecnica
Chiara: ☺ Matematica, Scienze
  ☹ Tecnica
Beatrice: ☺ Educazione fisica, Matematica
  ☹ Arte
Jacopo: ☺ Italiano, Musica
  ☹ Tedesco

17 Intervallo, stare con gli amici, andare in gita

Test finale

A 1. un, 2. una, 3. un, 4. Il, 5. un, 6. gli, 7. il, 8. la, 9. gli, 10. il

B 1. a, 2. c, 3. a, 4. b, 5. a, 6. a

C

UNITÀ 2

1 1. e, 2. d, 3. f, 4. c, 5. b, 6. a

2 *Io vado al cinema con Giulia*; Tu vieni a scuola in macchina; Lui viene alla festa sabato?; Noi andiamo in classe con Paolo; Voi venite a giocare a calcio?; Loro vanno con Dino in pizzeria

3 1. facciamo, 2. fa, 3. esci, 4. fate, 5. *esce*, 6. vanno; 1. c, 2. f, 3. b, 4. a, 5. *e*, 6. d

4 1. sono
2. *giochiamo*
3. rimangono
4. vengono
5. comincia
6. entriamo
7. paghiamo,
8. sa
9. dice
10. beviamo
11. mangiamo

A. *Noi giochiamo un po' con la Playstation*
B. Dino e Giulia rimangono a casa a studiare
C. Paghiamo il biglietto

Unità 1 — A scuola

D. Beviamo Coca Cola e mangiamo i pop corn

5 *Risposte possibili*: sì grazie, no grazie, d'accordo, volentieri, non posso, bella idea

```
P  P  E  M  N (S  I  G  R  A  Z  I  E)
U  E  O  I  D  O  R  R  B  S  S  D  U
I  R  N  D  M  I (C  E  R  T  O) E  N
A  C  M  I  A  N  S  C  O  D  R  V  A
Z  H  N  S (N  O  N  P  O  S  S  O) B
R  E  D  P  Z  E  L  U  I  R  F  Z  E
P  N  B  I  Z  B  S  E  Z  A  G  R  L
P  O  D  A  C  C  O  R  D  O) C  D  L
Q  U  C  C  S  S  V  D  F  I  D  S  A
U  K  K  E  E  O  S  P  N  X  L  Q  I
O (V  O  L  E  N  T  I  E  R  I) A  D
G  O  M  L  P  U  P  H  N  L  N  M  E
(N  O  G  R  A  Z  I  E) T  E  O  L  A
```

6 **Veronica**: vuole, vuole; **Marta**: può, vuole; **Alfredo**: può, deve; **Elisa**: *deve*, vuole

7 **Orizzontale**: 1. camera da letto, 2. salotto, 3. cucina, 4. bagno
Verticale: 5. sala da pranzo, 6. studio

8 1. settimo, 2. primo, 3. quarto, 4. decimo, 5. terzo, 6. secondo, 7. sesto, 8. quinto, 9. dodicesimo, 10. nono, 11. undicesimo, 12. tredicesimo

9 1. a, 2. b, 3. c, 4. a, 5. b, 6. a

10 1. a, 2. in, 3. da, 4. per, 5. in, 6. a/per, 7. da, 8. al, 9. per, 10. in

11 in, *in*, In, per l', da, in, a, per, a, in, per gli, da

12 1. *Sono le tre*, 2. Sono le tre meno venti, 3. Sono le cinque e mezza, 4. Sono le dieci e venticinque, 5. È mezzogiorno, 6. Sono le undici e un quarto

13 1. trenta, 2. sessantacinque, 3. quarantaquattro, 4. settantadue, 5. ottantotto

14 1. studentessa, 2. sassi, 3. uscire, 4. spazzola, 5. sensibile, 6. cosa

Test finale

A 1. va, 2. prende, 3. esce, 4. incontra, 5. salgono, 6. vogliono, 7. giocano, 8. vanno

B 1. c, a; 2. b, a; 3. b, b; 4. b, c; 5. b, b; 6. b, c

C **Orizzontale**: 1. ottantatré, 2. sessantaquattro, 3. nove e cinque, 4. undici e dieci, 5. trentasette, 6. quattro e venti
Verticale: 7. tre e un quarto, 8. cinquanta

UNITÀ 3

1 per, da, alle, al, con, Al, All', Alle, al, in

2 dal, alla, sull', nell', nei, dagli

3 1. *di* + il (*del*), 2. su + il (Sul), 3. a + l' (All'), 4. da + gli (dagli), 5. a + i (ai), 6. in + la (Nella)

4 1. Alle, 2. Alle, 3. Alle, 4. A, 5. All', 6. Alle

5 *A-1, in*; B-4, in; C-5, in; D-2, in; E-3, in; F-6, a

6 **Orizzontale**: 1. della, 2. alle, 3. per la, 4. Nei
Verticale: 5. allo, 6. nel, 7. delle, 8. Al, 9. dalle, 10. alla

7 1. nel, 2. in, 3. in, 4. alla, 5. nello, 6. nell'

8 Domande libere

9 a. dietro, b. accanto, c. sotto, d. davanti

10 *La palestra è accanto alla scuola, L'Internet point è a sinistra del bar*, La lavagna è dietro la cattedra, Il cellulare è dentro lo zaino, La pizzeria è a destra del bar, Il cinema è vicino alla piazza, La stazione è lontano dalla scuola = Genova

11 **C'è**: *una radio*, un computer, un giornale sportivo, un iPod, un cellulare, uno zaino, un poster
Ci sono: *dei libri*, delle lampade, delle scarpe da ginnastica, delle magliette, delle fotografie

12 1. mia, 2. sua, 3. suo, 4. tuo, 5. tua, 6. mio

13

```
E  S (F) H  F  A  U  E  I  L  T (N) O
A (T  I  R  I  N  G  R  A  Z  I  O) T
R  I  G  T  G  E  D  A  I  P  R  N  E
O  R  U  I  S  F  E  O  D  U  A  C  R
U (G  R  A  Z  I  E  M  I  L  L  E) U
(P  T  A  P  E  O  I  B  E  O  R  D  A
R  E  T  R  H  F  C  O  G  L  B  I  L
E  P  I (G  S  R  E  T  H  Y  Z  C  R
G  T  A  R  I  O  T  C  F  E  M  H  I
O  A  R  A  P  S  F  R  D  M  U (E) P
(G  R  A  Z  I  E  T  A  N  T  E) D  S
(D  I  N  I  E  N  T  E) A  C  I  P  E
S  E  F (E  C  Z  U  L  N  R  M  O  A
```

14 1. dizionario, 2. maglietta, 3. inglese, 4. vacanza - luglio, 5. compagno, 6. palazzo

Test finale

A 1. in, 2. in, 3. alle, 4. alle, 5. con, 6. alla, 7. alla, 8. in, 9. a, 10. a.

B 1. c, b; 2. a, c; 3. b, b; 4. c, b; 5. b, b

C 1. scrivania, 2. calendario, 3. letto, 4. televisore, 5. armadio, 6. finestra, 7. sedia, 8. cestino

UNITÀ 4

1
1. A Giulia ho regalato un profumo
2. Sì, Paolo ha avuto qualche problema
3. *Sì, abbiamo mangiato la torta*
4. Sì, abbiamo ascoltato musica
5. Giulia e sua madre hanno preparato la torta
6. Sì, abbiamo ballato

2 ha lavorato, ho dormito, hanno sciato, ho visitato, abbiamo guardato, ha pulito, ha comprato, *ha telefonato*, abbiamo ballato

3 1. *È arrivato*, 2. Siamo partiti, 3. Sono andato, 4. sono usciti, 5. Siamo tornate, 6. è entrato

4 1. ho visitato, 2. Siamo arrivati, 3. siamo andati, 4. *Abbiamo mangiato*, 5. siamo entrati, 6. Siamo tornati

5 1. abbiamo ballato – Ballare, 2. abbiamo ascoltato – ascoltare, 3. abbiamo mangiato – mangiare.

4. è arrivata – arrivare, 5. abbiamo cantato – cantare, 6. sono arrivate – arrivare, 7. sei sparito – sparire

6 sono andata, Abbiamo comprato, Siamo tornate, ha preparato, sono arrivati, hanno portato, ho comprato; 1. sono andate, 2. ha comprato, 3. ho preparato, 4. siete arrivati, 5. abbiamo portato, 6. hanno comprato

7 1. Allora, 2. E allora, 3. All'inizio, 4. e poi, 5. E poi, 6. alla fine, 7. dopo, 8. però

8 Risposta libera

9 *Tu hai letto*, *Voi avete preso*, Voi avete scelto, Loro sono venuti, Lui ha discusso, Noi siamo stati, Io ho chiesto, Tu hai bevuto = Napoli

10 *ho letto = leggere*, ha detto = dire, sono andato = andare, è successo = succedere, Ho chiesto = chiedere, ha risposto = rispondere, Abbiamo discusso = discutere, ho deciso = decidere, ho scelto = scegliere

11

```
I  O  H (M  A  I) O  (S
C  O  M  P  R  A (P) E
(A  P  P  E  N  A) I  M
T  O  I  L  R  E  U  P
(G  I  A) G  A  L  O  R
P (A  N  C  O  R  A) E
E  R  G  I  U  L  I  A
```

Testo dell'sms che Paolo invia a Dino: Io ho comprato il regalo per Giulia

12 1. Hai già comprato il regalo per Giulia?; 2. Ho appena ricevuto un profumo per il compleanno; 3. Non hanno ancora deciso cosa comprare; 4. Paolo non è più venuto alla festa; 5. Siamo sempre stati gentili con Alessia; 6. Chiara non è mai stata a un concerto.

13 Mesi dell'anno: *Gennaio*, Febbraio, Marzo, Aprile, Maggio, Giugno, Luglio, Agosto, *Settembre*, Ottobre, Novembre, Dicembre; Il 21 di **marzo** inizia la primavera, Il 21 di **giugno** inizia l'**estate**, Il 21 di **settembre** inizia l'**autunno**, Il 21 di dicembre inizia l'**inverno**

14 1. sono potuto, 2. sei voluto, 3. sono dovuto, 4. ho

dovuto, 5. ha voluto, 6. ho potuto

15 1. pallone, 2. sacco, 3. ginnastica, 4. cucchiaio, 5. forchetta, 6. zoccoli, 7. maglietta, 8. spazzolino, 9. cappello, 10. canna

Test finale

A 1. ha, 2. ha, 3. è, 4. ha, 5. hanno, 6. hanno

B 1. c, b; 2. b, c; 3. c, a; 4. c, c; 5. c, b; 6. b, a

C **Verbi con ausiliare essere**: arrivare, succedere, partire; **Verbi con ausiliare avere**: *ballare*, viaggiare, raccontare; **Sostantivi femminili singolari**: torta, festa, musica; **Sostantivi femminili plurali**: magliette, ragazze, telefonate; **Sostantivi maschili singolari**: *profumo*, cellulare, compleanno; **Sostantivi maschili plurali**: sabati, orologi, regali; **Avverbi di tempo**: *appena*, ancora, mai

UNITÀ 5

1 1. nostra, 2. miei, 3. loro, 4. mio, 5. nostro

2 *A: 1, nostra*; B: 5, suoi; C: 2, mio; D: 6, loro; E: 4, vostre; F: 3, tuo

3 *mia*, mio, mia, mio, mia, mia; 1. Si chiama Gianfranco, 2. La madre di Paolo insegna, 3. Alessandro e Cristina vanno al liceo, 4. Paolo ha tredici anni, 5. Sara è la sorellina più piccola, 6. È una famiglia molto unita

4 Risposta libera

5 1. f, 2. b, 3. e, 4. c, 5. d, 6. a

6 **Alessia**: spaghetti al pesto, gelato, **Dino**: pizza margherita e frutta, **Chiara**: bistecca alla fiorentina, insalata, gelato

7 **Mi piace**: *il panino*, la pizza, il pesce; **Mi piacciono**: le penne, i peperoni, le patate
Non mi piace: il riso, la bistecca, l'insalata; **Non mi piacciono**: le farfalle, gli spaghetti, i tortellini. I nomi dei cibi che piacciono a Dino iniziano tutti per *p*

8 1. Ci vuole, 2. Ci metto, 3. Ci mettiamo, 4. Ci vogliono

9

```
A C U C P E O D P I O R T U
C O L T E L L O I B U F I G
U S T P S A L V A I O T H E B
O D F I M S A F T P V O V E I
N S O O F V A A T B G V E D C
A C U C C H I A I O I A D I C
N A V Z O O O D O T O G V H H
I H G C T Q P E T T R L M O I
M F O T G L O M T I N I O T E
T B U O N A S E R G O O T R R
E I O I T N S D O L A L I I
T R O T G L O E R I N O O I
M F O R C H E T T A N I S C
```

10 1. e, 2. d, 3. a, 4. f, 5. b, 6. c

11 *1*, 6, 4, 2, 8, 3, 5, 7, *9*

12 1. punto interrogativo, 2. punto, 3. punto interrogativo, 4. punto interrogativo, 5. punto, 6. punto interrogativo, 7. punto, 8. punto interrogativo

Test finale

A **Chi è**: sorella, nonno, zia, nonna, cugina; **Che cos'è**: un primo, un secondo, un primo, un secondo, un antipasto; **Verbo piacere**: piace, piacciono, piace, piacciono, piace; **Possessivi e articolo determinativo**: il tuo, i vostri, il Suo, i nostri, la mia

B 1. c, a; 2. c, a; 3. a, c; 4. b, b; 5. b, c; 6. c, c

C 1. margherita, 2. forchetta, 3. piatti, 4. bicchiere, 5. coltello, 6. penne, 7. tovagliolo, 8. funghi, 9. romana, 10. pesto